U0919539

和孩子一起读大学

——大学新生家长必读

◎金海燕 杨 亮 著

ZHEJIANG UNIVERSITY PRESS
浙江大学出版社

图书在版编目(CIP)数据

和孩子一起读大学：大学新生家长必读／金海燕、杨亮著.
—杭州：浙江大学出版社，2012.3
ISBN 978-7-308-09583-9

Ⅰ.①和… Ⅱ.①金… ②杨… Ⅲ.①大学生—家庭教育
Ⅳ.①G78

中国版本图书馆 CIP 数据核字（2012）第 011571 号

和孩子一起读大学

——大学新生家长必读

金海燕　杨　亮　著

责任编辑　王元新
装帧设计　十木米
出版发行　浙江大学出版社
（杭州天目山路 148 号　邮政编码 310007）
（网址：http://www.zjupress.com）
排　　版　杭州中大图文设计有限公司
印　　刷　杭州杭新印务有限公司
开　　本　700mm×960mm　1/16
印　　张　11.75
字　　数　127 千
版 印 次　2012 年 3 月第 1 版　2012 年 3 月第 1 次印刷
书　　号　ISBN 978-7-308-09583-9
定　　价　29.00 元

浙江大学出版社发行部邮购电话　（0571）88925591

序

孩子上了大学，家长就可以轻松了吗？理应如此。但是，现实情况并没有这么乐观。现实的大学并不是安乐窝，也不是保险箱。大学期间，学生正面临交友、恋爱、求职等重大成长课题，不仅要完成并不轻松的课业，还要应对激烈的竞争，要作出各种重要的选择。甚至，总有一小部分学生会面临被淘汰的命运。

因此，孩子上了大学并不意味着父母对子女的教育培养已经万事大吉，家长还有必要“和孩子一起读大学”。我不鼓励家长过多干涉已经上大学的子女们的生活，但也反对对他们放任自流。这时，父母亲应该站在远处，默默关注孩子的成长。在孩子向你求教、与你商议时给予及时的反馈和建议；在必要的时候，还应毫不犹豫地伸手相助，帮助孩子成功跨越成长途中的沟沟坎坎。

二十五年的大学生教育管理经历使我深切体会到，在校大学生的心理行为问题多数情况下有不良家庭教育的痕迹；要解决大学生的心理行为问题，单靠学校或心理专家还不够，家庭的配合非常关键。

本书作者都是具有多年大学生教育管理经验的大学教师，每个人都有辅导员的工作经历或正在从事辅导员工作。

他们将多年的心得凝结成该书，希望的就是向家长们介绍大学期间学生可能面临的各种问题，分享与大学生子女进行有效沟通的方法与诀窍。我相信，不同的家长都能从中有所收获。

金海燕

2011.11

前　言

学生们的高考结束了。

中国的“教育”承载了无数家庭的期望，这样的期望太沉重，以至于很多家长和学生会把进入大学作为征途的终点而长舒一口气；这本书也不希望让所有人像拧上发条一样继续捆绑在分数的战车上奔跑，那不是教育，更不是大学的教育。

家长们的高考在哪里？

这本书揭示了课堂之外、教育之内并常常为我们所忽视的方向——家庭教育。家庭教育对于孩子的重要性不言而喻，但在前面将近十多年的家庭教育中，大多数家长因为“身在其中”而不可能把自己的孩子当作教育对象去思考和看待，广大家长也常常把分数教育和排名教育误读为家庭教育的全部，甚至积累了一些错误的指导观念。对于一个已经准备就读大学的学生来说，远在“千里之外”的家庭教育会有什么作用呢？多数孩子在高考之后，即将离开父母身边独自求学，从前的家庭教育方法方式受制于主观与客观环境的变化也面临着巨大的挑战，需要有所思考和变革。同时，在这个越来越讲求个性、尊重个人的时代，对于广大独生子女来说，学校的教育辐射很难超越到课堂之外去“干涉”学生的自我教育和自我成长细节之处，学校教育之外充满着无数“空白地带”，在这个时刻绝不能忽视家庭教育的重要性。

“和孩子一起读大学！”

这本书汇集了大量长期工作在学生辅导第一线的老师们的心得体会，通过一个个真实的小事例为家长揭示当今大学生的思想状态和价值观念，在孩子进入到新的求学阶段之后，引导广大家长适应在孩子人际沟通、专业选择及职业规划等各种成长历程中所需要扮演的角色，让家长们真正掌握和驾驭这些满怀的“对孩子的爱”，为家庭教育提供指导和帮助。尤其是多年的学生工作表明，在很多有问题的学生身后，其家庭教育必然会存在着一些问题；在没有问题的学生身后，其家庭教育也频频充满着各种困惑。为了让大学生父母们远离这些引导误区和错误的决策意见，这也是出版本书的目的所在。相信这本书能够给大家带来不小的启示。

目　录

大学生人际交往沟通解码

郑玲玲　沈　燎

人生的美好是人情的美好，人生的丰富是人际关系的丰富。十六年寒窗苦读后，我们很多孩子充满希望和幻想来到梦寐以求的高等学府——心中的象牙塔，继续求学之路。他们幻想着在大学里能够寻觅到志同道合的知音，能够让梦想在这一片天地里自由驰骋。然而，当孩子们离开家来到一个全新的环境独立生活，同时还要适应复杂的人际关系以及与高中完全不同的学习方式时，很多意想不到的问题出现了。他们或许得到的并不是梦想中的快乐，他们眼中的一切都与理想中的大学有着不小的差距，尤其是在人际交往方面。而此时，家庭教育作为学校教育与社会教育的重要基础，能否成功地成为孩子们走进大学、迈向社会的基石与坚强后盾，将是我们亟待探索和解决的关键问题。

★ 您的孩子是否向您抱怨过“大学里好难找到好朋友”？

★ 您是否发现您的孩子足不出户，整天“宅”在寝室？

大学是传授知识的学府，也是充满自由的广阔蓝天。尽管有辅导员和老师关心着孩子们的学习、工作和生活，但他们始终无法对每一个孩子都做到面面俱到。处于青春期的孩子们往往对人际关系的追求带有较多的浪漫主义色彩，希望不带任何杂质。当他们一旦发现现实的残酷就不免失望，或有迫切的交往需要但又不表露，深埋心底，甚至产生一种消极逃避的心理，长此以往人际交往的适应力就会不断下降。因此，和其他人群相比，大学生“人际交往障碍”已经成为当下一个不容忽视的心理问题，在新生中尤为突出。本文希望通过对一个典型案例的分析，让家长们对大学“人际交往障碍”有所了解，进而对大学时期家庭教育有所思考，及时防范和解决孩子们在人际交往过程中可能出现的问题和难点。

案例　龙某，男，19岁，独生子女，家庭条件并不十分优越，平日沉默寡言。据同学反映，该同学十分爱“炫富”，并且难以亲近，基本上不主动与同学讲话，有自闭倾向。半年下来，常出现翘课行为，整天“宅”在寝室，沉溺于网络游戏，一日三餐通常吃泡面、饼干或外卖，生活极度无规律。

这是一个典型的“人际交往障碍”案例，大学里很多同学都容易出现像龙某一样的情况，通常表现为不主动与陌生人交谈，不爱参加集体活动，对同学态度冷淡，甚至产生焦虑、恐惧、孤立、抑郁、敌对等负面情绪。大学是一个开放式的小社会，来自五湖四海不同环境背景的人聚到一起，需要不断地磨合与理解，加上学分制选课、同班不同窗，同学之间相对陌生，班级凝聚力不强，磨合的难度也进一步加大，需要的时间也会更长。这意味着，孩子们如果不积极主动地去打破人际坚冰，而等着对方来结交自己，就无法掌握人际交往的主动权。长期的学生工作经验表明，性格内向只是大多数人际交往困难的同学的某一特质，背后可能存在更为深刻的缘由。所以，在发现该同学状况后，辅导员老师迅速与龙某进行了面对面的谈心，进一步了解到：

1. 该同学进入大学后的四个月内学习情况非常良好，部分课程学习节奏甚至赶超老师授课进程，不免有沾沾自喜倾向，甚至开始出现逃课行为。但是第一次期末考试后，几门必修科目成绩都在 63 分左右徘徊，恰巧的是考试题目几乎出自他缺席的几节课内容，由此他开始对必修课程以及学习产生很强的恐惧心理，害怕去面对。加上大学高手如云，很多同学比自己更见多识广、综合素质更强，优越感的消失让他产生了强烈的自卑感——怕见生人，唯恐别人笑话自己，进而演变成“宅”在寝室、整天不上课。

2. 该同学来自偏远地区，民风淳朴，自进入大学后他时常感叹“为什么这里的人这么冷”：外面有人叫门，室友全部在里面，但无一人应答；早上想 6 点早起英语晨读，室友们全起来了却不叫他，等他 7 点半醒来又得匆匆上课，室友斥责他还晨读什么；家庭条件并不十分优越，没钱买电脑，想借用室友的电脑选课，又无人肯借；班级同学一起活动时，他也不会说话，不知道该怎么跟人家交流……每每碰到不顺心的事，他就觉得所有的人都疏远他，他越发怀念单纯美好的中学时光，感慨大学同学都那么“复杂”。

3. 虽然无法很好地适应大学新环境，但该同学与他人交往的愿望非常强烈，希望能为集体所接受。于是在他强烈的要求下，父母为其配置了笔记本电脑，衣着打扮都开始追求“名牌”，以此来引起他人的注意。尤其电脑对他而言意义重大：通过 QQ 告知老乡和亲朋他的生活依旧如往日一样“风光”，而网络游戏不仅让他体验到一种无比强烈的被依赖感和成就感，而且自认为通过此方式可以与其他同学建立共同语言，达成他所谓的“不仅要学得好，还要玩得好”目标，进而成为人人钦羡学习的“楷模”。然而，事与愿违，学业成绩的落差让该同学顿感一切设想都失去了着力点，他觉得再也没人会瞧得起他，没有人会乐意再与他交往，于是便放纵自己寄情于 QQ 和网络游戏之间，一发不可收拾。

4. 该同学一直都很清楚沉迷网络的后果，每次辅导老师找他谈话完他都受益匪浅，但没两天又恢复原样。有时候早上醒来 8 点钟，正是上课时间，一想又赶不上了，只好“宅”在寝室，而在寝室没其他事情可做，只能无休止地沉迷网络，甚至一度产生了强烈的恶心、呕吐症状，期

间不断循环往复，但他还是控制不了自己的行为。

从这些相关信息我们不难看出，该同学在新环境下的人际交往能力偏低，面对学业等困难的抗挫折能力也相对较弱，但自我期望值非常高，虚荣心也较强，而这些都是可能导致其选择以“宅”的方式消极逃避“人际交往障碍”的症结。在掌握了这些基本信息后，我们随即与其父母进行沟通，深入地挖掘到该同学的成长背景：

1. 该生从小到大学习成绩很好，在同龄人中一直被公认为“优等生”，父母非常荣耀，对其寄予了很高的要求和希望。初中时期，该生曾一度成绩严重滑坡至全校100名开外，但他一直强忍着一口气、积极上进，在中考时以全县第5名、全校第1名的成绩顺利进入省重点高中；高中时期成绩也多次出现沉沉浮浮，最后化险为夷；此次高考虽然没有如学生本人意愿考上理想大学，但也不差。加上，孩子从小就在寄宿学校长大，生活自理能力较强。综上，父母亲一直相信该生具备足够的学业自我调节和情绪休整能力，不需要操太多的心。

2. 该生父母都是农民，初中文化水平，平时忙于农事，认为在学业上给予小孩指导的可能性不太大，随着孩子自我成长和懂事，注意力更多地集中于物质支持上。当得知小孩在学校里因为没有电脑怕被人瞧不起，而且又影响到学业时，没有过多询问就直接给添置了。

3. 该生节假日因路途遥远一般都留在学校，平素不怎么与家里通电话，即使有，更多的是讲述大学生活的绚丽多姿和自己学业方面的优良成绩，传递给父母的都是“好消息”。有时候父母问起辅导老师的联系方式时，该生总是以各种方式婉拒，认为没有必要进行沟通，父母也默认了。

4. 该生是独生子女，父母视为掌中宝。一直到高中，父母为了不让该生学习受到干扰，孩子在家期间基本不看电视，也没有同龄人来家一同学习或玩耍，甚至在节假日也不带他去走访亲朋好友，更不用说旅游以及其他娱乐活动。

至此，我们可以初步断定，在该同学的成长过程中，其父母主导下的家庭教育模式存在很大的“空白地带”，值得我们去共同探讨。

首先，孩子的家庭教育逻辑一成不变，无法适应新时期大学生自我成长的需求。真正的大学已不再是纯粹的“知识教学”，强调学生“做人做事做学问”的综合能力。该生父母一直沿用旧有的“高标准严要求”的惯性思维，从未想过自己的孩子某些时候也可能如同脱了缰的马，高估孩子过硬的心理承受能力和良好的心理自解能力，没有引导其合理调整心态，特别是如何正面不如意的高考结果；更重要的是，在孩子迈入高手如云的校园后，没有及时为孩子找准定位、瞄准方向，使得孩子丧失目标意识。

其次，孩子的家庭教育缺乏沟通与对话，很难应对外界大环境带来的冲击。该生从小在不需要太多人际交往技巧的简单环境中长大，父母一直“唯学至上”，而忽视了其与亲朋好友、师长、同伴等的交流与沟通。加上，父母自身文化水平不高，可能对孩子生理、心理的关注度较少，将注意力集中投放在物质支持上。当小孩一提出怕同学看不起、不能跟上节奏选课，就不论真相如何马上应允了，而没有意识到该生人际交往能力偏低但又渴望被人注意、有较强的虚荣心这一对矛盾。平时孩子由于自卑感作祟，怕别人嘲笑，也不太愿意将自己在大学的所有情况都如实汇报给父母，总是“报喜不报忧”，父母亲也没有保持很强的敏感性，追根究底，主动与辅导员老师联系以进一步增加了解。

当我们和其父母对该生目前的现状和背后的经历进行综合分析后，一致认为，无论是“宅”居生活还是沉迷网络并不是该生主观意愿的，当初也是为了与同学建立共同语言、排解现实生活中交友不利等苦闷，谁想会恶性循环、误入歧途，不仅耽误了学业，还陷入了网瘾的泥潭，跟同学互动交流的可能性越来越小，而身在异地的父母又无法了解孩子们的心路历程和精神压力，各类问题长期积压，像滚雪球一样越积越多。该生父母非常心疼孩子在大学之初因为人际交往不适应而产生的身心折磨，强烈恳求学校能够予以协助，一同将该生引导到正常的人生轨迹上。我们也根据该生的实际问题，提出以下几点建议为家长排忧解难：

1. 当永远在线的心灵咨询师。大学生家庭教育其实不只是新生入学前的临时补救，而应该是由家长持之以恒地向孩子传授正确理念的过程，包括教导学生应该如何面对

挫败感、如何在新环境中待人接物以及如何与他人团结协作等。面对大学生青春期的诸多转变，要敏锐观察到离开家的孩子很可能缺乏外在的约束与驱动力，家长要学会转变心态，不应该再是以前那个只关注学业的严苛家长，而应该是和蔼可亲的聆听者、循循善诱的咨询师，让陷入迷惘的孩子们能听到鼓励的话语而不是质疑的声音、能得到切实的建议而不是潦草的敷衍。我们知道，家长不应该只是在校学生的经济支柱，更应该是赋予家庭教育情感化的关键，让远在异地的孩子感受到家庭的温暖，并能够将父母的爱转化为面对生活的勇气和动力。

2. 让温暖的沟通不停歇。我们鼓励孩子们主动与家长沟通，更欢迎家长主动与校方联系。一些家长来到学校才发现大学生活距离学生和家长的预期往往相差很大。比如说，有的家庭可能会习惯在暑假安排旅游出行，但从来没有意识到大学生在暑期时间可能有课堂之外实践活动的要求，如果不能及时了解和掌握这些情况，很可能造成自己的孩子和身边同学群体的脱节，甚至影响大学毕业的若干环节。孩子一时贪玩，“因小失大”，可能会失去更多潜在的机会，比如出国交流活动等。孩子的每一步成长，都需要孩子、家长、学校三方向共同的目标迈进。一方面，学校将力争让家庭教育与学校的培养目标一致，促进家庭教育运作的科学化，另一方面，我们也需要家长们通过多样化的沟通渠道联系我们，一起交流学生成长过程中出现的问题，通力合作，一起解决孩子成长道路上的烦恼。

3. 心底无私天地宽。鼓励孩子放下偏见，摆脱以穿名牌、相互攀比来赢得注意力的心理暗示，不断增强人际交往经验和实战能力。首先，家长引导孩子以开放的心态去接纳身边的同学、朋友，主动融入寝室、班级集体生活，从自身习性开始改变，营造自己需要别人、别人也信任自己的和谐局面。家长可将自己成长过程中的所得所触所感与孩子一同分享，让其明白“虚拟世界”只能产生暂时的麻痹作用，最终代替不了现实社交的快乐和满足感，更重要的是现实世界中的人脉资源将是个人未来竞争力构成的关键一环，从而和孩子一同战胜网瘾。其次，引导孩子正视当前课业压力，设立阶段性目标，对薄弱科目进行各个击破，重拾学业信心，提高其应对困难挫折的勇气，而不再把学业成绩作为相互比拼的一种手段方式。一旦在学习过程中碰到难点，要敢于向有专长的同学请教，互助互进。

处于青年期的大学生，价值多元、思维活跃、精力充沛，他们希望被人接受、理解，渴望成才、成功。然而进入大学后，理想与现实的差距时而让他们处于孤独与无助之中，他们需要最亲近的人为他们指明方向，为他们提供温暖的港湾停泊，帮助他们渡过这一适应期，克服心理障碍，找准定位，积极生活。学校教育和家庭教育都是孩子成长过程中不可缺失的支撑力量，我们相信，通过家庭教育的正确引导，我们的培养教育体系将更加完善，我们的孩子们也能够比同龄人更顽强、更能经受历练，以最阳光的姿态面向社会、迎接明天。

参考文献：

[1]陈秀芹.大学生人际关系行为困扰的调查及对策[J].湛江师范学院学报，2004(1)：138－140.

[2]杨友娥.当前大学生人际交往的心理障碍及应对措施探讨[J].现代企业教育，2006(20)：206－207.

[3]黄希庭.当代中国大学生心理特点与教育[M].上海：上海教育出版社，2001.

用“归因教育”成就孩子的未来

王庆文

引　子

归因是一种普遍的心理现象。所谓归因，就是人们对自己或他人行为的原因进行推测、判断或解释的过程。心理学上常常把影响我们做出决策的原因分为两种：内部归因和外部归因。内部是指个体自身所具有的、导致其行为表现的品质和特征，包括个体的人格、情绪、心境、动机、欲求、能力、努力等。外部是指个体自身以外的、导致其行为表现的条件和影响，包括环境条件、情境特征、他人的影响等。从归因的角度来看，如果能对自己工作、学习成败的原因做出正确判断，采取有效的措施，其便能事半功倍，不断进步；甚至说能改变现状，后来居上。孩子从小形成正确的归因态度，对他的未来成长至关重要。

案例分析

案例　大一男生小张，毕业于某重点中学，进入大学后，学习热情不高，成绩滑坡很大，在大一下学期出现了单学期及格学分不足12分的情况。

据学生反映，该同学经常不去上课，也不完成老师布置的作业。

这是一个典型的对大学学习生活不适应的案例。由于中学和大学的学习环境、课程安排、教学模式等发生了一些变化，有些大学生不能很快地适应大学生活。如果在适应期内能尽快调整心态，了解大学学习模式，积极投入大学生活，那么，他就能从一名高中生转变为一名大学生；反之，则会出现案例中发生的事情，大一上学期吃点高中的"老本"，到第二个学期的时候就会因为"欠债"太多而出现"滑铁卢"。那么具体是如何造成"不适应"的呢？

辅导员和班主任及时找该同学谈话，查找学习走下坡路的原因。该学生说了几点理由：一是他认为大学的课程没有意思，学了没有用；二是他不喜欢大学的上课老师；三是寝室里的学习气氛不好。当辅导员问之为什么觉得大学的课程没有意思时，他说自己不适合理论的学习，认为学校的课程安排有问题，应该更多地注重实践教育，但据了解，他的实验课程也是没有通过；当辅导员问其怎样的老师是他喜欢的老师时，他也说不上来；在平时其他同学反映其寝室氛围不是很好，几个人总是打电脑游戏，但其他同学一般利用的是课余时间，只有他经常因为打网络游戏而旷课。

由此对话，基本情况已较为清晰。大家不难从对话中看出，小张在分析学习成绩不理想的原因的时候，都是从课程、师资、环境等外部原因来进行解释，而没有从自身的方面来找原因，经过初步分析可以判断小张很可能是在"归因"环节上出了问题。

每个人对于身边生活的重要影响因素都有一些初步的判断，最为基本的两类即外部环境因素和内部主观条件两类。例如，学生考试失败可能是学生本身努力不够，也有可能是本次考试的试卷难度很大。在一般情况下，都有内外因的交互作用，而把所有的原因都归结到其中一方就显得有失偏颇了。对于年幼的孩子来说，很多情况是有意识地寻求一些“借口”或“托词”，父母们因为长期对孩子的观察和了解，非常容易识别。而当孩子成长之后，很可能他自己都难于分析自我，客观地判断或进行归因分析。

美国心理学家韦纳认为，行为成败归因的分类除内外两个因素的划分外，还应加上稳定性与可控性两个因素。如内部因素中的能力、性格等是相对稳定的，而机会、运气、努力等又是不稳定的，其中能力、努力、性格等，人是可以控制的，而机会、运气等又是人不可控制的。一些归因的最基本的结论：①个人将成功归因于能力和努力等内部因素时，他会感到骄傲、满意、信心十足，而将成功归因于任务容易和运气好等外部原因时，产生的满意感则较少。相反，如果一个人将失败归因于缺乏能力或努力，则会产生羞愧和内疚，而将失败归因于任务太难或运气不好时，产生的羞愧则较少。②归因于努力比归因于能力，无论对成功或失败均会产生更强烈的情绪体验。努力而成功，体会到愉快；不努力而失败，体验到羞愧；努力而失败也应受到鼓励。

		稳定性	
		稳定	不稳定
支配原因	内部的	个人禀赋	进取程度
	外部的	成长环境	运气概率

我们不难发现，如果过高地估计外部不稳定因素，比如“运气概率”，对内部的“进取程度”的影响就会产生忽视。而大学新生中另外较为常见的一种现象是，有的同学在高中的时候成绩总是名列前茅，甚至高中三年都是年级前三名，而到了大学之后，在一个专业内可能学业成绩就变成了专业倒数后十名。学业环境和学习方法的巨大变化如果被忽视了，学生就会造成自身定位的模糊和恐慌，认为“自己突然变笨了”等，迅速地丧失学业兴趣和信心。环境因素的巨大改变，造成孩子对自我的判断预期出现巨大的误差，而对出现这种错误判断预期的原因思考，就是一个人的“归因能力”。归因就是反思，是对个人经验的重新分析梳理。指导家长在家庭教育过程中，如何进行正确地引导孩子学会归因分析，能够令其以积极的心态去应对自己取得的成绩或遭受的挫折。尤其是从高中进入到大学阶段，人际关系、学习方法等都面临着一个跨越式发展，在这个变化中遇到挫折或打击都是必然的历练过程，而重要的是如何对待这些失败。如果不能及时发现原因，则容易再次跌落在同样的坑中，如果“归因”不正确，就会走上一条越是努力越无法看到任何回报的歧途之上。

比如说，学生认为某个老师讲课不好，听不懂，那么对于“老师讲课自己听不懂”这个判断可以进行更为深入的分析：

1. 什么叫做“听不懂”?

2. 该老师授课内容是否均来自于教材? 是否其他同学已有提前预习? 其他同学是否能够听懂大部分该老师的授课内容? 自己的知识储备、英文或数学基础是否没有达到该课程的基本要求?

3. 该科目是否是必修课程? 是否自己的兴趣点和该课程相距较远? 是否尝试过以另外的学习方法来对待该课程?

4. 如果该老师讲课水平有限，其他同类科目的老师水平是否可以接受?

对于这些问题答案的再次思考就能够揭示自己做出任何判断的更为核心的起因在哪里:

“听不懂”是指考试成绩不好还是指课堂上的理解率、吸收率不高? 如果是前者，应该多加以课后的练习，分析考试试卷与老师讲述内容之间的差异点，可能老师讲解内容并没有强调考试内容和要求，需要同学们自主地完成学业内容。如果其他同学大都能够听懂老师讲述内容，那么我们要思考的是第二个问题，即为何其他同学基本能够听懂而自己无法快速地吸收理解? 除了天赋因素之外，是否

自己的学习方法与其他同学不同甚至说有很大差距？因为对于很多同学来说，的确很多大学课程单单凭借上课时间是不够的，需要拿出大量的时间来完成课程预习工作。倘若这个环节没有做好，当然在上课的时候会觉得“听不懂”的。最后，如果是教学方法的问题，可以尝试到相同科目的其他老师课上去选听。因为大学资源十分广阔，同样的课程可能有不同的老师在任教。由于授课的风格不同，比如有的老师强调知识体系的掌握，有的老师强调课堂互动，有的老师强调延伸阅读等，从众多的课程中选取适合自己获得最大收获的方式，这也就是学分制带来的好处之一。而这些的前提，都在于需要对问题的根源作出正确的“归因诊断”，才能对症下药。经过正确地分析过程后，才能够发现，到底“造成学业不佳结果”的原因是出现在老师能力上、教材方面、学习方法上还是自己个人对待课程的知识储备以及学业态度上。当然，可能大多数时候，很多同学遇到的学业不佳的原因都是多方面的，各种情况之间都有涉及，轻重程度不同，通常情况下想要获得立竿见影的改善成效是不太可能的。这仅仅是自我主动调整的第一步，还需要贯彻执行的力量。不少同学都总是习惯于在开学初“下定决心”，而过了数个月之后，没有持之以恒，又陷入到类似甚至相同的“麻烦”中。

再比如，学生说始终无法处理好同寝室的人际关系，那么父母在进行家庭教育过程中应该指导其正确地归因：

1. 同寝室同学之间是否有长期的矛盾或分歧？这些问题是如何积累起来的？

2. 这些矛盾和分歧的产生，是基于截然不同的价值观念还是生活习惯？

3. 自己是否尝试过接纳别人？是否大家相互间有过切实的沟通和交流？

4. 自己和父母、高中同学以及现在班级其他同学的人际关系是否很正常？

经验表明，进入到大学的同学，他们智力水平基本大致相当，但分析问题和处理问题的能力却有着巨大的差异，这也即一些高中时期表现突出、成绩优秀的孩子，为何到了大学这个环境，会不太适应甚至出现落后于其他人的重要原因。一些同学善于分析、总结、提高，甚至可以参考别人的经验来指导自己的选择，相反，一些同学反复在同样的地方跌倒，没有及时吸取经验教训，因而学业生活的整体效率都非常低。观察表明，很大比例的学业遇到问题的同学，在处理同学关系、师生关系上也经常遇到一些障碍。而我们知道，在大学里与人的交流对学业是多么的重要，很多事情需要通过相互交流合作才能完成，而学业不佳和交流不畅哪个为因，哪个为果，是很难一下子辨认清楚的。

心理学研究表明，遇到愉快或成功的事，进行内归因能增强自信，有利于心理健康；遇到不愉快的事，外归因则能缓解压力。但是遇到挫折的时候，如果过分强调内因的问题，则迅速丧失自信，乃至自暴自弃；过分强调外因的问题，则会把种种不顺利的矛头都指向于他周边的环境，如寝室、专业甚至自己的家庭背景，迁怒于他人。这样偏执的思维方式，让很多同学既找不到解决问题的方法，又无法摆脱它们所带来的苦恼，以至于个别同学无法完成大学四年学业。

教育培养过程单单依赖于学校的力量是远远不够的，

要让孩子学会正确地看待自我，正确地分析自己所面临的挫折、挑战或机遇。虽然到了大学，父母从知识上很难再传授给孩子什么，但是作为孩子的第一任老师，就有必要协助孩子学会思考自身的“成长过程”，应该学会运用批评或鼓励策略之外的更为高级的方式去引导“大孩子”面向属于自己的未来。

你真的了解自己的孩子么

——致大学生家长的六个问题

杨　亮

曾经有一位教育家这样说过："家庭是孩子第一所学校，父母是孩子第一任老师。"家庭教育对于孩子成长成才有着重要的影响。即便在高等教育阶段，家庭教育的地位也不容忽视。从小到大，很多家长都对于孩子的教育成长予以密切的关注，甚至以前有个别低年级家长打电话向学校辅导员老师询问，想了解孩子在校的情况。而作为一个刚刚成人的大学生，却可能不肯向家长完全透露自己在大学的感受。一方面是家长们很担心但也不可能天天到学校来询问，平时也没有高中家长会一样的制度（能够每半年对孩子情况有个大致的了解），甚至一些家长因为孩子的学业不佳（学生自身对学业情况有所隐瞒）而归责于学校的信息通报不力。另一方面是在孩子的成长过程中，的确需要来自于父母的指导和建议。那么，作为一名家长来说，你的建议是否能够给孩子的成长带来帮助呢？

不要急于下结论，尤其是对于大学生的家庭教育工作。家长们有必要首先反思一下，自己是否应该"完全知道或不知道孩子如何思想"，避免过度的不必要的一些担心。当然，家长们的心情可以理解，孩子读书从小到大都是眼睁睁看着走过来的，突然失去了对于"局面"的掌控，大学生一个个如同放飞的风筝一样，家长们迫切地想寻找到那颗线，想知道孩子们正在想什么。他们想什么，作为老师们也很想知道。从我们学生管理的经验中也发现，大学生的感情世界、感情生活对于其成长是一堂必不可少的课程，极容易出现问题。

首先，同学、同班、同寝、朋友、网友、邻居、师生、亲缘，这都是我们的生活人际关系网络的重要组成部分，并且其中的定位可能会由于接触程度的不同有所改变，比如有的同学既是"朋友"又是邻里街坊。但不可否认的是，一个人在感情上的需要是多方面、多层次的，并不是一谈感情问题，就意味着爱情，甚至是婚姻。因此，不要把个人在大学期间的感情问题视为"谈异性朋友"与"不谈异性朋友"一样的"与非"选择，那就是以偏概全、因小失大了。在此，我想先问家长们一个问题：你们关注过孩子的内心世界么？

中国家庭教育的传统模式是"尊卑有序，长幼有别"，依靠血缘等级上的不同来塑造权威进行治理，在治理的过程中进行价值观的传递。家长们是否回忆起曾对孩子这样教导："大人说话，小孩不要插嘴。"我相信很多家庭有过类似的语言，仅仅从这句话就能说明很大一部分家长处理家庭教育过程的简单化倾向。没有任何解释，非常简短的一句话就剥夺了一个孩子的发言资格，在中国家长眼中看来是理所当然，而忽视了孩子的精神世界是单纯的，最基本的是随着年龄的增长不断唤起的自主意识和平等意识，很可能在一次次对立和潜移默化的影响中，孩子的内心形成"大人的事情小孩没有资格插嘴"和"小孩的事情大人也没有资格过问”的对等概念。一旦这样的思维形成，就很难正常地与孩子进行交流沟通了。在家庭教育过程中，最困难的情况不是对立或者冲突，而是孩子们不对家长具备足够的信任感，从而造成沟通渠道的阻塞。作为大学生来说，他们可能有涉世经验不足的地方，甚至走一些弯路，但是不能剥夺他们开口的机会，你可以用道理说服他或者摆出不同的观点让其选择，甚至将一些争议搁置起来，但一定要意识到，他们对待父母的态度很有可能就是他们以后与别人相处时所持的最基本态度和价值底线。

曾经发现有这样一个有趣的学生，平时学业及各方面表现都不错，但是做事情缺乏独立思考精神，总爱跟风从众，自己从来不拿主意，不仅学业上选课、听讲座之类的要有同学“带”，甚至吃饭都一定要和同寝室的同学一样，否则就非常焦虑担心睡不好觉。在和父母交流后发现，这个孩子从小就特别乖，特别听话，父母说什么就做什么，甚至达到了言听计从的程度。而到了大学之后，很多事情需要自己做决策的时候，他就会感到茫然不知，最后把对父母的依赖性体现在对身边同学的依赖效仿上。当然，对于孩子人格独立过程的塑造非常重要，而且是一个相当漫长的影响过程，甚至已经远远超出了大学生家庭教育的范畴，但是通过这个案例想让家长们意识到，孩子们考上了重点大学，只是意味着孩子在生活的某一个方面取得阶段性的成果而已，取得了更进一步发展的机会，但绝非取得了最终的成功，甚至个别学生带着某方面的缺陷和不足进入到大学阶段。

第二个想问家长们的问题是，你们了解孩子们过去的人际关系么？孩子从小开始，最亲密的伙伴、朋友、同学都有哪些？自己的孩子能和哪些人建立起良好的人际交流关系？和哪些人无法取得共鸣？他们对孩子的影响有哪些？很多家长对这个问题很早就开始关注，让孩子到一个教育水平高一些的重点小学、初中、高中就读一直到考入重点大学，这是家长们数十年为之努力的目标，我想很多现实版的“孟母择邻”就是当代家庭教育过程的真实写照。但值得关注的是，这些都是间接途径。我们常常见到的是，家长对于孩子人际关系的了解远远少于孩子对于家长人际关系的了解。父母的亲朋好友，孩子都了然于心，而孩子到底和哪些同龄人“谈得来”，父母们不会过于关切。

一些偶然的机会曾经和某些家长交流，其中一个家长表示自己很担心孩子在校的表现，因为他的孩子从小在一个非常优越的环境中生活，一直就读在私立重点学校，高中时同学过生日，小朋友们之间互送的礼物甚至达到上万元之巨，甚至已经接近于中西部地区一些家庭的年收入水平，所以很担心自己的孩子不能和其他人共同相处。于是某日我把该学生叫到办公室了解了一些情况，发现的确如父母所言，该学生所在寝室的同学家庭经济条件迥异，既有经济困难生，也有普通工薪家庭的子女，这个寝室曾因为是否要安装空调集体协商过许久都没有结果。该同学也非常郁闷，本来想自己体型较胖夏天非常容易出汗睡不好觉，宁可自己掏钱给寝室装一台，但同时又怕被人说是炫富，因为其他同学家庭情况难于分摊费用，这是在他的成长经历中没有处理过的事情。当然，最终事情得到解决，而就这个例子而言，父母们应该发现，人际交往对于一个青少年的成长有多么重要。倘若孩子在进入大学之前的人际关系较为单一，则会因为缺乏经验，在今后的交往中难于应对更为复杂的交流。这位父亲能够观察到这一点，说明对于孩子成长过程给予了非常好的关注，加上大学老师的配合，把一些问题及时化解掉。而如果该生寝室同学经历都相似，生活都较为优越，则寝室所有人都可能失去了大学生活中对其社会适应性的锻炼机会，甚至缺乏必要的广泛的社会交往经验，未来步入社会很可能会付出更大的代价。

另外，如果家长自身的人际关系网络非常融洽，无论是血缘亲属，还是同学朋友都能够真诚平等、相互尊重，则孩子会默默从家长的行为决策中学习到如何与人为善，如何同其他人互助共享，能够给予他人以正确的信任感而不是依赖感。如果家长细心，可以观察孩子们在大学期间对于个人理财方面的态度和相关的行为方式就是从家长身上学习而来的。很多常年从事教育工作的老师曾经不止一次地说，从一个孩子为人处事细节之处就可以看到一个家庭教育的轮廓，而孩子健全的人格、丰富的经历、友好的人际对其未来发展的影响一定远远大于学业成绩上的高低起伏。

第三个想问家长们的问题是，你们找寻过属于孩子们自己的快乐吗？家长们可能会说自己是和孩子一步步共同走来的，每次考试后成绩进入全班前十名都值得庆祝。我想这样的家长真的是非常关注学生的学业情况，但是从孩子婴儿时期开始，我们的家庭教育就将重心偏于学业方面，而忽略了更多的有巨大价值的东西。那么孩子们自己的喜悦是什么呢？您的孩子是否有过如下的经历：

1. 第一次自己假期打工赚钱

2. 第一次自己投稿被刊登

3. 初次登上舞台表演节目

4. 受到陌生人的赞扬

5. 第一次在美术课上画了一幅同学称赞不已的漫画

6. 第一次使用压岁钱

7. 第一次在书店逛了整整半天的时间并乐此不疲

和考试成绩相比，这些可能都是在父母眼中微不足道的事情，甚至更小的那些事情他们都不会主动地向父母汇报，只要他们不主动吐露，可能就再也没有第二个人知道，但这些标志性的事情对于孩子们的成长影响非常大，甚至普通的一本《十万个为什么》就能够影响一个少年走上理工科学业的道路，一封《小读者来函》就可能让另一个少年从很早就开始立志长大后要做一名记者。家长们如果试图在这个过程中拥有影响孩子的话语，就必须首先走进孩子们的内心，读懂孩子们的喜悦，找到他们的激动之处。

第四个想问家长们的问题是，你们体察过孩子们自己的不悦么？喜形于色是大多数孩子们单纯的天性，有经验的父母不会等到孩子们开口就能够“猜中”孩子们的心事，但那些敌意的、对立的情绪根源在哪里却往往难于排察。

有个大学低年级同学曾经和我坦言，他非常反感自己的家长在很多场合把其的成长和学业成绩当作一种家庭培养成功模式加以炫耀的行为，在大人们的眼中，孩子仅仅是一种标志社会地位的“资本”。他说，这样做让他总觉得被人另眼相待，甚至造成同龄人之间的刻意的疏远。他可以感到自己被这些陌生的同龄朋友们所疏远，而他把罪魁根源归结于家长，因此他有时故意冷落家长以报复。可能至今这位家长也不知道自己哪里做错了，甚至对于事实陈述并不认为是一种“炫耀”，但这仅是大人眼中的世界而已。

在孩子们的世界中，最苦恼的事情莫过于因为自己的某些方面的不同而被同龄人圈视为异端所排斥。家长们会不自觉地把这些孩子们的学业情况作比较并排序。当一个得到各位家长们广泛称赞的重点中学的优秀学生，和一群并不太优秀的同龄人在一起的时候，会受到更多无形的微妙的压力。家长们的只言片语就可能在不经意间伤害到自己孩子的人际交往位置，而这种不悦，孩子很难用语言表达或解释出来。家长们多会意识到在一群孩子中批评一个孩子是对其的伤害，而很难意识到表扬他也会给其增添无限的苦恼。

从孩子的角度去思考他们的负面情绪，虽然这些很小的困扰大多时候都任其自行解决，但如果有了家长们的关切，孩子们就有了机会获得更为迅速的成长。有的家长依靠的不是长辈的威严去教育孩子，而是从小就和孩子以类似朋友式的身份交流，因而获得比其他家长更多的信息。甚至孩子在和同龄人做游戏的时候都在一旁留心观察，不断挖掘孩子身上的优良品质和潜力并加以引导，这比把孩子塞到钢琴培训班更需要付出额外的时间和精力。曾经有个高三的考生在高考咨询的时候曾经对管理和法律两个方向都很感兴趣，考生的父母没有更明确的建议但希望我们提一些建议，并提供了一些信息：孩子在高中的时候曾经多次参加辩论赛，尽管家长在表面反对他过多参与活动耽误学业精力，但是从其他渠道了解到孩子对辩论赛十分热衷，执意要参加这些业余活动，所以家长并没有强力地制止他，反而在每次比赛失利后都帮助他分析，提一些改进的建议。由此孩子变得非常信任家长，学习反而更加努力。通过两三年这些活动的锻炼，孩子的口才也进步了不少。另外该生对中外政治制度、西方哲学较为喜好。于是我们就建议他报考社会科学大类，并且在今后学习中向法律类方向发展。

通过更多渠道了解信息而并不是一味地将家长的决策意志强加于孩子身上，这种努力最终也换来了回报，这比某些家长“把孩子的自由空间剥夺而在高考后填报志愿的时候告诉孩子当律师有前途一定要读法律专业”更为聪明得多。如果有家长能够体察到孩子们不悦的根源，则能够协助其分析并一定程度上协助其加以改善，并且这种问题处理的经验会逐渐为孩子所掌握，当其在未来生活中遇到类似问题时，孩子们对付起来就会游刃有余了。

第五个想问家长们的问题是，你的孩子对你们隐瞒过一些事情么？一方面，家长们几乎不会在孩子面前说出一些自己的真实感受，这似乎有违于正常的家庭伦理，好像老爹要向儿子进行思想汇报一样，听起来非常可笑。但是这类频频“不可言说”的状态，让孩子无法从很早开始从家长身上学习到清晰的价值观念，以至于当孩子在十八岁成人的时候还没有独立判断的勇气，做事情常常迟疑不决。

另一方面，家长们又不希望孩子对自己有何隐瞒，希望自己被孩子们坦诚相告。

比如大多数家长对于“抄袭行为”都是不能容忍的，倘若出现诸如考试作弊的事情，家长或学校都通常会对这样的不诚实的行为处以最为严厉的责罚，但是很少有人关注孩子这些行为背后的动机。如果考试能够轻易地考取满分，我想没有学生会选择作弊的方式，当然，如果某次大家都得到不及格的分数，说明该考试的难度出现偏差，也没有作弊的必要。而有的人能够取得很好的学业成绩，一些人不能取得，最终采取了某些不被允许的行为。这期间的动机可谓多种多样，大致可以分为两类，一类是源于环境压力，比如家长或老师的严格要求下，给学生带来了额外的心理负担，如果考试成绩不好就要被责罚，被责备学习不够认真努力。另一类是源于自身的压力，比如在对自我过高的期许或者同龄人之间的攀比心理下，也很容易造成诚信教育的缺失。大学中发现有不少高分段的学生有考试作弊、作业抄袭等不诚信的问题，经过了解也发现，高分段学生对于“奖学金”、“保送研究生机会”等额外关注，如果不能脚踏实地调整心态，很可能走上违规违纪急于求成的错误道路。

作为家长来说，了解孩子们的行为，探查孩子们的动机显得尤为重要。曾经有这样一个学生在学习某个课程的时候，把该图书馆的所有学科参考资料都借出来或者故意弄乱位置，让别人难于查找。当图书馆工作人员发现这个事情后，反映给辅导老师，于是老师找到家长想进一步了解情况才发现，他的孩子在刚刚进入大学后非常不适应，经常给家里打电话，但是又说不出来一些具体的问题。逐渐家长才意识到，孩子在进入大学后感到压力非常大。他身边的同学都是各个省市重点高中的拔尖人才，甚至几乎所有人都参加过各种学科竞赛并取得不错的成绩，而且综合素质非常高，有的充满音乐细胞，有的擅长绘画书法，有的成为各种活动组织者，孩子后来坦陈，他甚至有段时间非常自卑，怀疑自己是否适应这样的学习环境，感到周围的人都比他强，他几乎无力赶超。于是，为了自己能够比其他人在某科目学习上取得优势，所以把图书馆的某种参考书故意弄乱。当然，这样的事情很多家长会觉得不可思议，或者简单地把它归结于学生过于自私自利，但这是远远不够的。

有教育家这样说过："不要对孩子们轻易地做出结论。"无数隐情的背后，是这些可能心理年龄远远小于生理年龄的孩子们的真实感受，再也没有让孩子从错误中顺利地走出来更能称之为"教育"的了，是学校教育不可填补的空白地带。作为家长们绝不能简单地以正确或错误来鉴别孩子的"小秘密"，反而要把它当作是家庭教育的重要时机。最后给一个建议，如果希望更多地让孩子打开心扉，作为

家长自己不妨首先向孩子敞开心扉，和孩子交换一些他不曾知道的事情。

曾经有家长和我反映，孩子打电话回家总是“报喜不报忧”，或者有的孩子一旦在学校遇到什么挫折，就在电话里和家长哭哭啼啼的，弄得家长也非常紧张，每学期都要来学校好多次为孩子排忧解难。

第六个想问家长们的问题是，是否教会其正确地面对挫折？我曾遇到过这样一个案例，某大一新生在选修某门课程的时候，由于没有在期末及时递交作业，结果任课老师给其一个不及格的分数，于是孩子向家长抱怨，出人意料的是家长也向学校抱怨教师的不近人情，一点没有做教师的样子。

再也没有比从挫折中吸取教训更为迅速的成长方式了。作为一个学生，在生活中遭受挫折是非常普遍的事情，但是在“如何应对”上，不同学生的成长性就出现了显著的不同。有人把它归结于情商，或者学校教育，但是作为辅导老师要指出的是，很多家长的错误观念和思维曾经或一直误导着孩子们，使他们除了学会如何应对考试之外的综合能力并没有得到相同的成长。比如某个科目成绩不佳甚至不及格，在家长们的眼中可能是非常严重的事情，但事实上，大学的整个教育过程，不仅仅是在引导学生学到知识或拥有一技之长。中国的大学不仅承担了这些学业过程，更重要的是让一个大学生的心智模式从“孩子”转变为“成人”，像成人一样去思考自己的责任、义务、权利，甚至在这个过程中要给予他们必要的挫折和磨炼。遵守规则、尊重他人、提高时间观念意识，这都是一个学生应在大学阶段认知到的，不仅仅是考试分数那么简单。

所以，对于那些想了解孩子们在想什么的家长来说，我的最大告诫即是：当孩子的心理年龄和生理年龄已经到达一定的成熟程度，就要把他们当作成年人来看待，我们对于成年人的尊重、平等、责任、独立，这些思维概念同样要给予你们的孩子，即便他们可能误解或者在初步掌握这些意识的时候会付出一些代价，但是这些经验是必须得到积累的。作为监护人来说，家长在家庭教育过程中的正确角色并不是孩子的“保护者”，而是孩子的“参谋长”，在大多数时候，能够根据家长自身的经验、阅历给予孩子们一些有益的建议，而不是贸然拔高或攀比，比如倘若以孩子高中的学业相对水平来衡量其在大学的学业情况，则会让几乎全校所有学生不堪重负。

总之，教育工作是一项系统工程，需要社会、学校、家庭共同努力完成，无论是幼儿还是大学生，家庭教育的漏洞或误区必然会对孩子的成长造成无可挽回的损失。如案例所述，社会运作是有普遍规则的，最大的规则就是这些规则都不是针对某一个人而设计，作为学生首先要适应这种规则而不是尝试突破它。有教师曾指出，“90后”的孩子们比以往更关注自我个体的喜恶、利益或自由空间。家长在此时不能盲目地“站在孩子一侧”，而是引导孩子认知到自身的不足，尽快从挫折中有所成长，学到更多的东西。大学生的家庭教育和其他年龄阶段有着显著的不同，需要家庭和学校相互理解和共同配合，合力完成对新一代青年的培养塑造。

了解性格　接纳性格　让孩子快乐成长

龚惠香

在近几年的心理咨询接待中，经常会有学生，从旁人眼里看，他们都很优秀，外表英俊、成绩优秀，年年拿奖学金，甚至保送了研究生等，但是他们却没有成就感，没有感到快乐，甚至以为自己出现了很大的心理问题，以致不得不进行心理咨询。戴某就是其中的一例。

案例　戴某，男，24岁，独生子女，博士生一年级学生（直博生）。该生自从某次吃东西喉咙里被噎以后，就非常关注这个问题，每次吃东西的时候就想着会不会又被噎了，以致不太敢吃东西，甚至出现恶心、呕吐现象。该生平时也喜欢想不开心的事。初中曾生过一场病，以后就老想着，会不会又生病，影响正常的学习？许多事情没有去做之前都先纠结着成功与否的可能性，担心受挫而迟迟不肯付诸行动。到医院去体检也很紧张，生怕查出什么毛病，他感到很害怕，怀疑自己得了强迫症。

在咨询中我发现有很多学生之所以不快乐，想改变自己，很多都是完美型性格惹的“祸”，而学生本人并不知道这一原因。当我经过交谈后发现这个学生很可能是一个完美型的学生时，就让他们进行性格测试，帮他们分析完美型性格的长处和限制，并帮助他们学会接纳自己的性格，他们往往会如释重负，他们的情绪也会有很大的改变，达到很好的心理咨询效果。所以我希望通过此篇文章，能使更多的家长了解性格，学会测试性格、分析性格、指导孩子接纳自己的性格，并了解孩子性格形成中家长的责任，从而使孩子更加快乐、健康地成长。

一、性格测试

标出符合你个人情况的命题，其他的空出来，不要在一个问题上拖延太久，根据自己的第一反应或第一印象回答。完成后，将所得相同字母后面的分值分别相加（如 S－1、S－12,所得的 S 就是 13 分，C－3、C－9，所得的 C 分就是 12 分……），并将所得分数写在测试表下面对应字母的空白处。

S－1. 人们说我非常友好。

M－2. 我只有几个朋友，但我们非常密切。

C－3. 我是天生的领导者。

P－4. 我宁可节省而不肯乱花钱。

S－5. 我享受生活！

M－6. 我喜欢每个细节都完美。

M－7. 我情绪不定，我早上起来不知今天会是什么情绪。

M－8. 我发觉很容易批评任何事。

C－9. 我容易生气。

P—10. 我难以做出决定。

P—11. 事情很少能让我生气与不安。

S—12. 和一群人在一起时我喜欢讲生动的故事。

S—13. 人们说我不太靠得住。

M—14. 我很自律。

C—15. 人们说我冷漠无情。

C—16. 我果断。

P—17. 我幽默风趣。

P—18. 我喜欢闲逛和无所事事。

S—19. 我不是很有组织性。

P—20. 我更喜欢旁观而不参与。

C—21. 我发现自己难以宽恕别人。

C—22. 我在短时间能做许多事。

S—23. 人们说我太喧哗。

M—24. 我易于忧郁和悲观。

P—25. 我不是太有动机。

P—26. 我非常有耐心。

S—27. 我爱说话。

M—28. 我实在不喜欢大的聚会，我愿意只有几个亲密的朋友。

S—29. 我是个热情的人。

C—30. 人们说我是一个非常勇敢的冒险者。

C—31. 我对事情有清楚的看法。

P—32. 我喜欢睡觉。

C—33. 我喜欢掌控局势与事态。

M—34. 我不擅长交朋友。

M—35. 我实在喜欢艺术，它能反映我的心灵追求。

S—36. 我爱几乎每一个人。

C—37. 我非常自信。

M—38. 我常认为人们不喜欢我。

S—39. 我花钱很大方。

P—40. 我感到很累。

S（乐观型/活泼型）______

C（急躁型/力量型）______

M（忧郁型/完美型）______

P（冷静型/平和型）______

（此问卷来源：匈牙利 YTL 项目组. 人际交往——友谊，我与他人的关系. 北京：中国社会出版社，2006）

二、性格特征

从测试结果我们可以看到，每个人的性格基本上都是混合型的（每种性格的分数都会得一些），但肯定有一种性格是一个人的主导性格（得分最高的）。如果某个人某种分特别高，就说明你具有典型的主导性格，如果某个人在每一项上的得分都差不多，说明你是一个主导性格特征不明显、具有综合性格特征的人。下面所说的性格特征是单纯某种性格的特征，所以并不是每一项都符合每个人。

S 型

定义：乐观型的人愉快、自信而积极，他们喜欢在淋浴时唱歌，写字时好用叹号，称呼朋友好用绰号，常在团体中被当作“活宝”。喜欢与人在一起，常张罗朋友聚会的活动。

优势：乐观型的人有能力带给人希望与快乐，他们的乐观精神和富于希望使得什么事情都很难长时间困扰他们；他们非常有同情心、善良热情；他们充满点子，有创造性；他们走到那里都有一大堆的朋友，他们是很好的推销员，善于表达，能够说服任何人干任何事。

弱点：乐观型的人常缺乏组织纪律观念；他们表述问题好夸大其辞，容易给人言不属实的印象；有时高谈阔论，好打断别人说话；计划性不够，做事常失去重点和背离原计划；有时太过马虎，常常丢三落四等。

C 型

定义：急躁型的人性急易怒，却又特别愿意干事和特别有纪律。他们具有很高的动机，做事主动，工作刻苦，无论在平时还是在艰苦条件都能够持之以恒。他们常被称为“事情的实现者”。

优势：这类人决断、自信、不畏困难而有勇气，工作能力强，他们是天生的领导者；他们能创造性地工作，会设计出多样性的项目；他们可靠而有责任感，做事有效率、从不拖延，遇到困难能表现出力量和恒心，吃苦耐劳。

缺点：这类人好激动，容易发脾气，有时他们会表现得挑剔和霸道；在压力面前，有时不顾他人感受而盛气凌人；他们目标过于明确而不利于和谐交往关系的建立；他们生活态度积极却又急于求成，经常不顾自己的情感和自身健康。事实上，在他们的一生中，感情是发展最不足的。

M 型

定义：忧郁一词原指“悲伤、阴郁、沮丧”之义，它的意思现在已经变为“沉思默想”。此类人以深思为特点，他们喜欢自己支配时间，安静思考问题；他们非常重感情，喜欢社交，但希望别人能够主动接近他们；他们情绪起伏较大，在短时间内可能达到快乐的顶峰，也可能落到失望的低谷。

优势：他们富有洞察力，敏锐而尽责；他们待人忠诚并富有交流技巧，他们有能力与人建立良好而且深厚的友谊；他们自律、有良好组织观念；对待工作精确、细心、善于分析；他们富有自我牺牲精神，安静而谨慎；这类人通常有艺术、诗歌或音乐方面的天赋。

弱点：他们情绪变化不定，经常感到沮丧。由于他们太过追求完美，导致他们的情绪容易悲观、沮丧和消极；他们在人际交往中比较被动，对新人或新的处境会害怕或怀疑，所以容易将自己孤立起来或被人当作不可交往的人对待；有时他们不愿意拒绝他人，从而导致屈从和被人驱使；如果他们有过人际交往失败的经历，他们可能会变得越来越苛求、敏感或好报复。

P型

定义：冷静类型的人具有镇定、沉着的特点，因而经常被看作没有感情的人。很难鼓励他们采取什么行动。他们理解和处理事情犹如解谜一般。他们愉快而放松，总是若无其事地坦然一笑，所奉行的口头禅是“不要担心，快乐行事”。

优势：沉着老练，紧急情况下有他们在身边最好。他们随和而可爱，实际而可靠，容易组织，耐心容忍，幽默风趣，别人并不感到有趣的事情在他们看来可能会很可笑。他们容易与各种类型的人建立关系，是非常好的外交家。有矛盾发生时，他们是最好的协调者和解决者。

弱点：冷静类型的人具有缺乏动机、懒惰和无动于衷等弱点。他们犹豫不决而易于自私。他们固有的若无其事的特点使人们认为他们事不关心、冷淡或不友好。他们可能会看大量的电视节目，愿意遇事旁观而不是参与。

三、性格解读

解读1

心理学从人格角度，一般将人分为两大类，即外向的人和内向的人。同时这两大类又各有两种不同的表现方式。这样，我们就将人分为四种个性类型，即外向的S和C，内向的M和P。

外向个性的特点：这种特点的人容易将自己的精力用于外部的事情、活动和人上面。他们的人生目标在于改变世界。在工作岗位上，急躁型的人为达到目的能够“克服障碍”，而乐观型的人则为了有所成就而“影响和鼓动他人”。

内向个性的特点：这种特点的人喜欢将精力用于思考、反省和构思。他们的目标在于理解世界，而不是像外向型的人那样喜欢改变世界。在工作岗位上，冷静型的人能够与同事合作，而忧郁型的人则能保证工作质量。

解读2

四种性格都各有优势、弱点和特点。这里的测试材料只是帮助大家发现与你自己最为相像的类型。大多数情况下，一种或两种个性特点在一个人身上占据主导地位。

一般情况下，在任何一个人群中，这四种类型的人都会存在。没有好坏之分，每一种类型都是有价值的。正像世界上有许多的颜色一样，不能说哪一种颜色比另一种颜色更好，试想世界上缺少任何一种颜色那都将是无与伦比的遗憾，世界都将不精彩。同样世界上缺少任何一种性格的人，世界也将不精彩。

对性格的了解，有助于我们了解自己和别人的差别，同时识别别人，了解别人的需要是什么。这样，使我们能够很好地理解自己以及周围的人的行为，更加清楚地辨别我们所处的交往关系，在生活中与人沟通相对容易。

四、性格发现后给家长的启示

性格是指个体对客观现实的一种稳定的态度及与之相应的习惯化的行为方式所表现出来的心理特征。它具有各种不同的特征，主要有态度特征、意志特征、情绪特征、理智特征等。性格的形成因素是复杂的，学校教育、文化社会因素都会影响一个人的性格，但家庭教育方式是孩子性格形成的重要因素。要培养孩子良好的性格，家长需努力做到：

1. 营造一个温馨的家庭氛围。让孩子在一个充满爱心和谐的家庭里成长，容易让孩子形成活泼开朗、乐观直率、稳重端庄的性格。否则容易使孩子形成沉默寡言的性格特征，甚至玩世不恭、消极悲观。

2. 形成一个民主的教养方式。如果父母对孩子采取宽容、理解、民主、保护、非干涉性、合理的态度，孩子就容易形成领导风格、活泼好交际、态度友好、积极、情绪安定等性格特征。如果父母对孩子干涉，专制、溺爱、支配、压迫、独裁等就会使孩子产生抑郁、任性、适应力差、胆怯、执拗、情绪不安定等性格特征。

3. 树立良好的性格典范。美国的心理学家研究表明，孩子的性格在六岁之前就已基本形成。而这期间，孩子接触最多的是父母。父母对孩子最好的教育就是身教。所谓“身教重于言教”、“其声正，不令而行，其身不正，虽令不行”，父母是孩子模仿的榜样。因此，父母应努力做到谦虚谨慎、不骄不躁、尊重自己、尊重他人、坚强毅力、乐观开朗，这样一定会有利于孩子良好性格的形成。

4. 多给孩子欣赏和肯定。欣赏是孩子最需要的爱，正面的肯定、鼓励能促使孩子养成正确的习惯和思维，能强化孩子的自信心，激发孩子的最大潜能，甚至最终能改变一个孩子的命运。

不同类型的人，对同一件事的反应和表现区别很大，人与人就是存在性格上的差异。人们的所作所为，大多数时候受他自己的性格驱使。每个人都有优点，也有弱点，人的不完美决定了我们在日常生活和工作中与人交往时，要尽可能创造机会让每个人都有展示和发挥优点的机会；对待对方的弱点、缺憾和错误，要真诚沟通，及时对事不对人地提醒对方需要改进的地方。每天注意观察自己的思想、言论及行动，看看是否有对他人的偏见以及负面的表达，若有，要试着改变；对于人与人的不同之处，更需要理解和包容。我们无需强求别人认同自己，也无需刻意扭曲自己的性格去迎合他人，而是要珍惜它、善待它，并且运用它。

家庭教育的沟通技巧与冲突处理

杨　亮

当您捧起这本书的时候，作为一名学生家长，您是否回忆自己或者听到过别人如此感慨：

1. 孩子越来越不听话了。

2. 孩子现在什么事情都不和家里说了，有自己的主意了。

3. 孩子越大越没法管了。

大多数家长多少都会有一些类似上述困惑的共鸣，很具普遍意义；另一个方面从辅导员的职业嗅觉来看，现实问题是有相当一部分家长并没有掌握和大学生子女良好的交流方式和沟通基础造成的，问题虽小，但倘若连交流都成为“问题”的话，那么接下来的家庭教育和引导就更加谈不上了。

众所周知，一个学生离开父母身边进入到大学求学的过程，即是其开始独立生活，逐渐完成一个人成为社会化的成人的转变的过程。他要独立地处理学业、生活、人际等各个方面，甚至很多挫折体验也是进入到大学之前均没有遭遇过的，这是一场很大的心理转变过程。心理学研究告诉我们，当孩子们迫切期望将自身独立出来的时候，显得尤为“叛逆”，他们自己认为自己很有“主见”，排斥父母、老师甚至是朋友的“建议或告诫”，做事往往会充满冒险和挑战精神，甚至头脑发昏，易于冲动。

既然孩子已经成年了，不再是家庭日常管理与约束的对象了，相应地，就需要以一种新的对话方式才能让家庭教育继续有效地发挥作用，而如果此时家长还是不肯放弃“管理孩子”的思维方式，忽视孩子的主体性而仅仅当作一个命令的接受对象，那么将会陷入到很大的麻烦和苦恼之中。如何同孩子进行有效的沟通，每个家庭的背景、家庭氛围以及父母与孩子的性格都有着显著的差异，不能一概而论，但有一些共性的经验和方式很值得吸收借鉴，这也就是接下来想要和各位家长一同分享的：

1. 善于倾听——“来谈谈你怎么想的?”在工作中我们常常遇到一些父母，有不少人从来没有冷静地坐下来听一听儿女的心声，令人感到很奇怪。原因可能是多方面的，比如有的家庭对孩子的爱体现得非常有限，从孩子懂事开始，父母自始至终只有一句话：把书读好，考上大学，其他的事情你不用管。一些父母直到孩子出现问题才恍然称：原来孩子是这样想的啊，我们从来都不知道。甚至有的家庭中，父亲和母亲的教育理念也完全相反，我曾遇到父母双方都极力想说服对方，而孩子可怜地看着我，我更是尴尬得不知所措的窘境。

作为一名高校教师非常能力理解父母们的心情，但一定要注意，让孩子主动的开口表达其自身的立场和观点同时就是对孩子成长的一种认可，尤其是对于大学生来说这种需要尤其迫切。我接触过的很多父母都在日常生活的无形中忽视对孩子个体表达的足够尊重，让他们根本没有阐释“自己观点”的机会，由此造成的两代人的隔膜与分歧会越来越严重，最终严重地破坏了一个稳定的家庭教育环境。往往父亲和母亲两者之间的立场还有所差异不尽一致的时候就开始对孩子提出各种要求和期望。倘若孩子只能在劈头盖脸的呵斥中进行思考，或者努力挣脱父母的视野，或者变得盲从，我想这更是所有家长最不愿意看到的结果。

2. 给予信任——“父母信任你能够处理好。”每一个父母都希望最大可能的了解和掌握孩子的成长过程，在他们的成长过程中，会有无数个鲜为人知的细节和小事情，其中隐匿着这些小家伙儿们最为直接的思考和感受。大学生家长不仅仅要扮演家长的角色，你们更是孩子们的朋友，尤其是对一些性格偏内向，不善于人际交流的孩子来说，寻求父母的理解和支持，在他们的心目中显得尤为重要。他们的很多选择决策，期待着别人的认同，而父母眼中却往往以成人的目光去评判一切，凌驾于孩子们的世界之上，久而久之，孩子和家长越来越呈现出“代沟”、“缺乏共同语言”的情形。其实并不是真正的缺乏共同语言，而是家长们过分地“管理”孩子同时缺乏有效的经验分享方式，孩子始终在一种“不信任”感的庇护下成长。

工作中发现，往往信任家长，愿意把自己的一些“小事情”、“小烦恼”和家长交流的同学，其家庭氛围较为和谐，这些观念的摩擦和碰撞之中，父母的一些经验和理念得以影响孩子的选择决策，同时保持开放的姿态，积极采纳各方建议，不至于使得孩子偏听偏信满目照搬。信任感的建立是一个长期的过程，并不仅仅是保守几个小秘密那么简单，所以在和子女的日常交流中，我们要以鼓励为主，尽量少责备，只要不触及一些原则底线，应给孩子留有“犯错误”的余地，只要 孩子的成长方向正确即可，很多细节上家长频繁越俎代庖最终只能弱化了他们的思考分析能力。作为一名大学生也理应更多的时候去尝试和寻求向同学、朋友以及同龄人沟通的渠道。家长们是否设想过，有的时候孩子仅仅是倾诉一下来缓解自身精神压力，并不需要父母给出具体的指导意见，但即便在这样的交流中，也会让你和孩子之间建立起更为良好的沟通关系。大学生迟早会走出成长的叛逆期，而父母也要做好以一个看待成年人的眼光再次从精神上接纳他们的成长的准备。

3. 给出选择——“路在你自己的脚下。”所有人通常都会认为，父母辈的经验能够指导孩子少走一些弯路，但经验有时也会束缚人们的手脚，每一代人的成长环境不同，际遇不同，做出的最优选择可能截然相反，那么家庭教育中，父母需要注重的不是给出结果，而是给出选择。年轻人的“单纯”与“叛逆”中，充满了一些未经思考的感性和浮躁，他们易于凭借激情而不是理性去做事情，比如我的一个学生，曾经想停学一段时间，到全国各地游走一番，到出走走看看，想法本身虽然没有啥错误，但是缺乏目的性和规划，而且和目前的学业任务相比来说可能会有冲突。家长需要做的事情并不是去责怪孩子“不务正业”，而是要问其这样决策的原委和目标。到全国乃至世界各地多走走看看是值得肯定的，但是如果以暂停学业为代价可能会得不偿失，或者给出其他的选择建议：如果学业努力，多争取出学校的国交流机会，那么会在不影响学业的情况下，在资金、安全都有较高保障的基础上完成其一部分游历计划。把这些情况摆在孩子面前让其决策，比单纯地压制其个人意愿要好得多，可能最终的结果相同，但整个过程中家庭教育的策略与质量，能够导致未来孩子在做类似决策时是否理解你们的意见。

给孩子有更多的可以选择的余地，其实就是引导孩子学会更为全面地看待问题，这种能力比任何选择的结果都重要，家长对孩子所面临问题的发言权总是越来越趋于弱化，任何家长都不要期望为孩子包办一切，安排好一切，总有一天他们要脱离父母独立生活。即便有一些小事情上孩子遭受了挫折或者没有做出最为合理正确的选择，他们也会因挫折而不断积累经验获得成长提升。

4. 诉诸文字——“这是写给孩子的话。”文字和语言的力量是截然不同的。我曾访谈过不少家长，在四年期间他们都至少给孩子写过一封信或者一封电子邮件，他们说给孩子写信后孩子变得突然懂事了起来。孩子们对信的重视可见一斑，我至今也还保存着自己父母当年在我大学期间寄的家信。现在的高校中，很多比例的大学生要远离父母到外省求学，父母们很难与细致地经常性地和孩子保持沟通。虽然手机、电话的方式较为便捷，但就重大问题的交流和建议，文字还是有其特殊的意义。我想这其间就饱含着家长对孩子进入新的成长阶段的一种认可吧。

那么，如果沟通不畅或遇到阻碍，与孩子对立甚至冲突起来应该如何处理呢？我们说如果在不涉及一些法律原则问题上，如果孩子对于一些事情非常的固执，有可能不听取他人的建议，那么首先最好不要让事情演变为孩子和家长之间的对立冲突，因为这种情况会导致未来所有的家长的意见都被其忽视掉，如果遇到困难，家长和学校如果根本不掌握情况发展，无论孩子做出何种决策，也就更无法提供进一步的引导和帮助，我们在工作中经常遭遇孩子一赌气把手机关掉，然后家长在千里之外着急得像热锅上的蚂蚁，而学校一时间也难于掌控情况介入干预的尴尬。

根据观察，在大学期间，孩子的感情问题、专业选择问题、未来个人规划问题，这三大事务都可能为父母重点关注，也是最容易引发矛盾的地方。我们以一个涉及个人规划的相关例子看：某家长希望孩子未来能够出国求学，因此给他报名了暑假的某个新东方英语培训班，而孩子却已经有了自己的假期安排和打算，面对父母这样的安排非常不满。这个时候，矛盾冲突就体现出来了。作为家长，引导帮助可以理解，但是首先没有征得孩子的意见，如果孩子已经有既定的安排，无论是学校指定要求还是非学校活动都需要重新规划安排；那么另一个方面，如果孩子的英语水平薄弱又同时有出国留学打算规划，则应该早做打算尽量做好准备工作。从父母及孩子的双方立场来看，大多数情况下并不存在本质上的冲突。所以一旦发现有分歧和矛盾，几乎都是由沟通协调不畅引发的。父母需要做的几个步骤是：

1. 换位思考。孩子已经是成人，他们有自己的人际关系网络，有自己的安排规划，有自己的在不同情景中的身

份。倘若孩子要求我们家长为了工作而忽视家庭责任，恐怕家长们也绝对不可理解。但反之，如果家长要求孩子的学业为其成长中唯一指标，其他的都忽视，那么孩子也必然难于认同。很多家长在家庭教育中，没有意识到重新分析家长和孩子彼此之间思路有所差异的原因的重要性，很多家长强调我们的“出发点”是好的，孩子不能理解，而这就是常常造成“好心办坏事”，甚至造成“适得其反”的效果。有时孩子考虑事情不周全、趋于理想化，家长的确应该予以必要的提醒；但我也发现，有时候孩子考虑的事情远比比家长还要多，而且处于对家长的不信任，很少将自己的想法全盘托出。如果在彼此信息不完全一致的情况下，家长若盲目地强加干预，粗暴地处理问题，恰恰是家庭教育的大忌。

其中还有一个显著的问题是：家长对孩子取得进步的肯定与鼓励显得非常之少，批评与意见偏多。这也可能是受我们社会文化中内敛谦逊风格的影响。根据一些社会学统计研究，对于成长过程中的孩子来说，在其走向心智成熟的过程中，如果长期缺乏父母的肯定与鼓励，会造成其成就感下降，自信心不足乃至人格发展不健全等弊端，虽然这一研究结果可能更适用于低龄青少年但也足以对大学生家长以警惕和参考。

2. 改变方式，有很多事情家长本可以处理得更好，但容易过高地估计自己对孩子的引导能力，反而得到了“孩子越来越不听话”的错误印象。其实并不是孩子不听话了，而是随着孩子的年龄与阅历的增加，需要家长们变革原先的教育引导方式，让频繁的对话与沟通替代命令和要求，否则孩子不得不采取疏远与回避家长的方式来应对。孩子们在逐渐进入社会化角色的同时，自尊、自信的需要变得非常重要，想必家长们都有体会，如果对孩子说同样的话，在孩子同学们、孩子亲戚们或陌生人在场的不同情境下，孩子的反映会有很大差异。这就是孩子们非常“在意”塑造与维持自己的社会化形象的体现。

家庭教育并不仅仅限于家长身份，有的事情孩子非常信赖的人可能是家庭相关的其他亲属，比如说表哥表姐，甚至是以前的同学朋友。有的时候，可能其他同龄人的意见更能为孩子所接受。但这一方式的前提是，要尊重孩子的隐私权，不能把孩子不愿意让更多人知道的事情盲目地扩散给其他不相关的人，这样可能导致孩子的极大反感，但如果提前征得孩子的同意，甚至是“默许”，有了这个“告知”的环节，那么再通过其他的意见征集，或者会能够对孩子的决策思路产生根本性的影响。

3. 抓住时机，最有效的教育都需要一个好的时机和载体。对于大学生的成长，我认为最为缺乏的是挫折教育和亲情教育，这两者都需要一些载体情景。我们发现，当学生们一切都非常春风得意的时候，家长任何关于“防微杜渐”的建议往往不会放在心上，而一旦他们遭受挫折，比如学业下滑或和同学发生了矛盾或者失恋等情况，这个时候他们又急于寻求支持，急于摆脱现实中的苦恼。家长的经验传承才会在他们重新寻找定位，寻求解决方案的时候所吸收和采纳。

我曾经了解到有这样一个家长，他大学期间每年都在孩子生日的时候给他打个电话，祝贺他又长了一岁，并问问他回忆一年中有何进步并帮他记录下来。孩子也会在每年的父亲节、母亲节和父母通电话，父母也请他把父母一年间的工作上的进步和收获记录下来，甚至在父亲退休后马上就学会了一套太极拳这样的事情孩子都记录得非常详细，这样和谐的家庭关系，势必会为彼此增进了解，分享收获与挫折体验，创造了很好的氛围和延续模式。

孩子和父母之间的沟通交流是一个漫长的过程，作为父母从孩子的成长中享受着幸福和喜悦，也随着孩子的成长一同分担了苦恼和忧虑，我们常说“可怜天下父母心”，但是“好心”要想起到更大的效果，还是要多观察和总结，孩子在学校或者不在学校之中，父母应该是他们最为依靠与信赖的人。希望家庭教育中沟通技巧与冲突处理的掌控，对广大学生父母们有所启示。

家庭内部氛围对大学生成长影响及案例分析

张　慧　钟蓉戎

家庭是个体身心发展的基本环境，大学生的精神健康状况与他们的成长轨迹密不可分。家庭是孩子的第一所学校，父母是孩子的第一任老师。家庭教养方式、父母婚姻状态、家庭结构、家庭经济状况乃至父母健康状况，都会对子女产生潜移默化的影响，影响子女的身心健康状态、人际交往、情感认知等，最终影响子女的生活习惯、学业态度和职业发展等。

案例1　乔某，性格开朗、乐观向上。担任主要学生干部，沟通能力和人际交往能力良好，深得老师和同学喜爱。大学四年学习成绩优秀，获得多次奖学金、三好学生荣誉称号等。大学期间多次组织学院重大活动，大四保送至研究生院。

家庭教育分析

1. 和谐的家庭环境是孩子健康发展的保证。家庭环境包括家庭成员之间的关系、父母经济地位、社会地位等方面。良好的家庭环境表现为父母关系融洽、和谐，乔某父亲身体有残疾，在住所附近开设一小型便民食品铺，母亲是普通工人。父母关系和睦，遇到问题总是主动商量、平等对话。用乔某的话说，他从小到大几乎没有看到父母吵架。其他亲属中，爷爷和奶奶是北方人，而外公和外婆来自南方家庭，但家庭整体相处比较融洽（他也因此被同学推选为寝室长）。家庭的和睦氛围让他很有安全感，有一些较为困难的事情能够主动及时地和家人沟通求教经验。

2. 民主式家庭教养方式有利于父母与孩子之间的沟通。乔某自小生活在民主宽松的家庭氛围中，“协商”是家庭成员解决问题的主要途径，父母经常与他沟通交流家庭或者个人出现的问题，倾听他的意见，比如乔某当时想报考某个距离家庭较近的高校，其父母并为给出明确的指导意见，而是令其把报考本地高校和外地高校的所有利弊都列举出来，最终让孩子自己正视风险和机遇并由此决定自我的发展路线。而对于他自己的学习、生活等问题，父母则更不会轻易干涉，只给出建设性意见和建议。这种家庭教育方式，使得他与父母能有效沟通，并对自己的行为富有责任感。

3. 童年时期乔某较为调皮，但是父母极少严厉批评，而是以分析沟通、说服教育为主。乔某小学阶段有一次在家玩耍，不慎把厨房点燃，后父母及时发现才没有酿成大祸，但父母并没有一味指责，而是耐心教育沟通，却发现原来孩子是出于对做饭烹饪很感兴趣的缘故，于是从小学开始，乔某在父母的指导下已经能够做一些简单的饭菜了。这种教育方式的成功，和父母在孩子成长过程中对孩子持续不断地悉心观察分不开。因而孩子从小身心发展健康、积极乐观、个性良好，能积极处理生活中遇到的事情，对挫折也有良好的应对能力。

案例 2　武某，女，大一学生，自入学以来，很少与人主动交流，很少和家里沟通，也从不参加任何活动，甚至平时和寝室同学都很少说话。最近发现其在寝室看一些小说杂志，并逐渐有了旷课情况。

家庭教育分析

1. 经过辅导员的调查了解发现：武某父亲是医生，母亲是中学教师，父母关系一直不太和睦，父母经常为生活中的一些小事情吵架，家庭氛围比较紧张，甚至其他亲戚朋友经常到她家来劝架。虽然在父母严厉的督促监管下，她在高中“重点班”学习处于中等水平，但她经常感觉紧张焦虑，轻易不肯相信陌生人，很没有安全感（曾有一段时间父母试图离婚），遇到小事情不顺心自己会偷偷哭，千方百计回避问题。

2. 专制型家庭教养方式不利于孩子的健康成长。武某父亲做事总是追求完美，自小常常因为一些小事情小错误对孩子动辄责骂。而母亲则常常喜欢把自己的孩子和自己的学生做对比，让孩子总是觉得无法达到母亲所期望的标准。很明显，武某的家庭教养方式是典型的专制型家庭，父母受职业倾向影响，总是试图按照自己的想法教育孩子，甚至孩子常常因此放学后惧怕回家。过度干涉孩子的意见和想法，更导致她缺乏独立处理问题的自信心和必要的社会生活应对能力。在大学生活中，没有了强力的外部指导，自己更无法应对环境的变化。

家庭内部氛围对大学生成长影响因素分析

1. 家庭成员关系。国内外大量研究表明，家庭环境对一个人成长至关重要。良好的家庭环境促进个人身心健康发展，对孩子个性发展和性格养成具有积极作用。家庭环境包括家庭物质环境和精神环境，也就是家庭的硬环境和软环境。硬环境包括家庭经济收入、社会地位、父母文化程度等，硬环境包括家庭氛围、父母教养方式、父母关系状态等方面。比如在一个氛围和谐、夫妻相敬如宾的家庭中，当孩子遇到挫折时不会对他人轻易地丧失信心或产生很强的自卑情绪，能够尽快地恢复到乐观状态，继而重新开始寻找解决问题的有效途径。而在不良的家庭环境中，如父母离异、家庭关系紧张或家庭氛围冷漠等，对孩子的身心发展会产生不良影响，这种家庭的孩子产生抑郁、焦虑等疾病的可能性很大，孩子在遇到困难时往往表现为惊恐慌张或自暴自弃。在低龄阶段，由于学生所处的学习环境较为单一，学校生活规律性强，因而其负面影响不会引

起足够关注；而到达大学阶段后，这些问题将不断困扰着学生和学生家长。夫妻之间如果有分歧和争执最好不要直接面向孩子，他们对于社会生活的接受能力还非常薄弱，如果由于父母的分歧而平添了很多他们无法承载的精神负担，对他们成熟过程中的价值观甚至都有非常大的影响。曾经有学生因为父母在家的长期矛盾而对同学之间的人际关系抱有很大的偏见，甚至对异性交往刻意地进行抵触，这些都对青年人的成长尤其是心理成长极其不利。

2. 家庭沟通方式。美国著名女心理学家鲍姆林特重点研究了处于不同家庭环境中的限制对孩子社会化的影响，发现“民主型”父母很少向孩子提出“必然要求”，他们常常给孩子很大的行动自由，把尊重孩子的个人意愿放在首位，与孩子沟通和交流占据了大量的时间和精力；而专制型父母则要求孩子绝对地服从自己，孩子的自由非常有限，父母希望孩子按照他们设计的蓝图去成长，希望对孩子的所有行为加以监督甚至是“监视”，他们与孩子是一种“管”与“被管”的关系。孩子主动和父母沟通的意识没有培养起来，甚至总对父母的“指令”产生逆反心理。当孩子远离自己身边到某个高校读书，无法继续“接受管辖”的时候，很多问题则开始困扰大家。

3. 家长对孩子的挫折教育引导。精神分析理论的代表人弗洛伊德曾指出，在儿童发展的早期，控制和释放能力的心理功能相对较弱，因此最容易出现伴随焦虑的创伤体验。一个人在幼年时可能遇到一些挫折和打击，如果没有父母的分析、引导，他们难于从失败的经验中反思不足。倘若不能正确看待人生道路上的挫折经历，其性格、观念和行为习惯就会受到重大的负面影响，进而导致各种心理问题的出现。比如前面案例中的武某，其小时候曾经由于考试不及格被父亲狠狠地责骂，所以到大学期间再次遇到学习不及格的情况时，其甚至很长一段时期不敢给家里打电话，放假后长期滞留在校，非常害怕回家。另一个方面，由于大学中往往学业和人际压力交替出现，一个学生自我管理和自我决策能力凸显，相当一部分“优秀”的孩子会变得不再“优秀”，如果此时没有应对挫折的经验和自我调节技能，很容易产生心理问题的积累。一些恶性的校园安全事件，大都是个人遭受暂时的困难挫折后的极端发泄行为。

实践证明，不同的家庭成员关系、家庭沟通模式及对孩子的挫折教育，对进入重点大学的“天之骄子”们影响非常大，这些由大学之前的长期经历积累而形成的小习惯、小理念，恰恰指导了其进入大学后的学习生活状态。现在我们看到了优秀的范本，也挖掘了负面的案例，相信家长们在未来会对自己的家庭教育理念有更加深入的思索。

对大学生自我管理能力的思考和给家长们的几点建议

蔡　荃

什么是大学生自我管理？金海燕（2005）从大学生自我认识、评价、约束和激励的活动过程来定义大学生自我管理。杨骞（2009）给出了相对比较全面的定义："个体积极主动分析自身环境并制定和实施个人战略，通过日常行为和心理的观察并结合内外各种反馈进行相应的调适，在此基础上不断构建和运用自我发展理论推动自我发展的过程。"笔者认为，大学生自我管理能力是大学生在高校学习阶段进行自我观察认知，制定适当发展目标并不断主动进取和进行自我约束和激励的能力。

大学生自我管理能力的高低成为学生是否能够顺利完成大学学习任务的重要决定因素，尤其是在浙江大学这样的综合型大学，校方更加关注学生个性化发展的需求，对于学生的教育策略也是基于学生自我管理能力较高而制定的。大部分的学生在日常的学习和生活中体现了较高的自我管理能力，他们会根据自身特点制定发展目标，并有较高的自我约束和自我激励的能力，但是也有相当一部分学生在高校生活中显现了自我管理能力不足的弱点，按照大学生自我管理的过程主要体现出以下几种能力的不足。

一、自我认知不足

这主要有两种倾向，一种是过高估计自身能力，这种倾向往往会出现在新入学同学身上，这些同学往往还沉浸在高中的辉煌中，这些同学在中学时往往凭借智力水平的相对优势并没有付出像普通同学那样的勤奋努力便进入了大学（至少他们自己是这样认为的），往往有可能还受到诸如“进入大学就轻松了”，“大学里 60 分万岁”等一些不正确的言论的影响，过高地估计了自身的学习能力或者低估了周围同学的勤奋程度，在缺乏具体参照的时候往往出现了对于自我认知的欠缺和对大学学习生活任务认知的不全面。另一种倾向是低估自身能力，这种倾向往往出现在一些学习基础（比如英语水平、数学水平）相对薄弱的同学身上，尤其是在第一次接到自己的成绩后，他们感受到了来自周围同学，特别是成绩优秀同学的压力，觉得自己缺乏“天赋”或优良的成长环境，从而出现了对自身能力的质疑和低估。

二、个人发展战略制定能力不足

出现这种能力不足的表现往往是，不知道自己读大学的目的是什么，不知道自己喜欢什么，个人目标的制定往往会受到周围同学的影响，这些同学往往对自身也有比较高的要求，但是他们不知道为什么要达到这样的要求。有的同学看到 A 同学在准备出国，自己也想准备出国；看到 B 同学在准备考研，他自己也想准备考研；看到 C 同学在从事各种学生工作，他也想加入各种学生组织；结果往往是三分钟热度，坚持不下来，因为他没有明白为什么要这样做，战略思考能力和执行环节严重脱节。制定发展战略的能力不足往往与自我认知不足是高度相关的，这样的同学平时对于价值观和个人兴趣方面的思考不够，缺乏主见，如果不能明白自己做事的方向和原因往往是很难坚持下来的，而这样的半途放弃的情况又会引起他们对于自身能力的怀疑。

三、主动挖掘和使用资源能力不足

长期的填鸭和灌输式教育，使得有相当一部分同学进入大学以后还存在“等、要、靠”的思想。大学教育特点决定了大学的教师不会像中学教师那样去反复检查督促每一个学生对于学问的掌握情况，更多的时候需要学生自觉去探索和挖掘所学的知识，并积极与老师、与同学进行交流。大学就是一个庞大的学习资源库，但是这些资源是需要学生不断去主动挖掘和使用的。试想学校庞大的图书资源对于一个从未去图书馆学习的学生有何意义呢？一个连给老师写邮件求教的勇气都没有的学生，老师又如何去给他提供针对性的帮助呢？学校的很多交流项目、讲座信息都是发布在办公网上的，但是如果一个学生仅仅将网络当成游戏和聊天的工具，他怎会有目的、有意识地把它们当作是自我能力、价值提升的必然途径呢？

四、自我调适能力不足

自我调适能力主要还是体现在自我约束和自我激励环节上，有很多学生在高中阶段受到了老师和家长的督促或约束，但是到了更加崇尚学生个性发展的大学阶段以后，老师和家长的外力约束突然减少了很多，原来在中学想去尝试而没有能够尝试的事情不断在冲击着学生的自我约束力。玩网络游戏、出入娱乐场所等行为会给他们带来更多的解脱束缚的心理满足感和短暂愉悦，但缺乏对学业精力的必要投入，甚至可能最终无法顺利毕业。这就需要同学不断完善自身价值观和人生观，加强自律，不断提高自我约束能力。很多同学进入大学以后还在沿用中学时甚至是更小的时候的激励模式，来自别人的称赞和表扬，这些激励固然重要，但是对于成年人而言自我激励是更加重要而且更为持久的一种激励方式。

在大学生自我管理的教育实践中，我们有成功的案例也有不成功的案例，而家长在这样的实例中往往成为非常重要的角色。下面我们从正反两个方面举例说明。

A同学来自某省农村，父母务农，该生进入大学以后一直觉得学习生活没有目标，沉迷于游戏，学习成绩很差，后经辅导员谈话了解到，该生家庭经济状况较差，自认为学习基础（主要是英语）不如其他同学，对于今后的发展也非常迷茫。后经辅导员与家长沟通，建议其休学，在休学期间请家长及时沟通学生状况并对家长的教育方式进行指导，要求学生在家休学期间帮助父母进行田间劳作，定期和父母谈心谈个人的劳动心得，并保证看书时间。该生返校后，表现有非常明显的改观，最终顺利毕业并在家乡某大型国有企业就职。

B同学来某省会城市，父亲是学校教师，母亲是家庭主妇，该生进入大学以后自恃智商很高，学习投入程度不够，第一学年成绩较差，第二学年开始迷恋网络游戏，经辅导员多次谈话效果不明显，与家长沟通，家长反映在中学期间对其管教过严，其父亲个性较强，得知孩子在大学成绩很差，多次对学生进行严厉批评，最后孩子便经常不接家人电话，其父非常气愤，表示不再管他，而其母对其比较溺爱常偷偷给他寄钱。最后该生未能顺利毕业，并因严重违纪受到处罚。

大学教育是一个系统工程，其中社会、高校、学生家长和学生本人都是系统中非常重要的环节，只有这些环节相辅相成，形成合力，才能有效提高大学教育的效果。以上是对于大学生自我管理能力的一些思考和给学生家长的建议，并给大家提供了两个小案例，希望能够引起家长对于学生自我管理能力培养的重视，并能够促使家长与学校进行更多的交流，配合学校的各项教育措施，发挥积极的作用，共同把学生培养好。从学生家长的角度，我们提出以下几点建议：

1. 学生家长自身的价值观和人生观的完善。尽管广大的学生家长处于不同的行业，不同的岗位，不管现实处境如何，希望家长们对于社会的价值判断要有积极正确的认识，应该坚持诚信、正义、乐观等基本原则，因为你们的想法会在潜移默化中影响到学生价值观的形成。

2. 学生家长要经常关注学校的发展和学生的成长，了解学校的基本情况和学生所处的环境，如果发现一些不好的苗头要及时与学校老师取得联系，理解同学在成长过程中的烦恼，帮助他们一起分析环境和变化，帮助他们更好地认识自我。

3. 学生家长要鼓励孩子去探索和了解自己感兴趣的专业，不能一味用世俗标准去要求学生而让他们丧失了自己的理想，跟随别人进行选择判断，没有独立的自主的价值理念。

在高中的环境中，可能虽然孩子很优秀，但是高中的生活模式基本上是没有自己掌控的余地，每天都要上学放学写作业考试，几乎没有停歇的时候，只要自己肯花力气，就可以一直按部就班地一路前行；而在大学生活中，可能一个学生倘若旷课很长时间，其他同学、老师包括家长在数周之内都不清楚，很多学生也把高校的这种学习“自主性”当做是学习“自由性”，把选择如何更好地学习的权力误解为选择“学与不学的权力”。所以，一旦家长们发现孩子把自我管理当作自我放任的时候，一定要警惕不要让孩子被“聪明误”。

参考文献：

[1]金海燕. 大学生自我管理探究. 当代青年研究，2005，(6).

[2]杨骞，蒋洪波. 大学生自我管理系统模型研究. 西南交通大学学报(社会科学版). 2009，10(3).

习惯就是最好的教育

杨　亮

我们纵观当代社会那些众所周知的成功人士，除了机遇因素的青睐之外，很多努力都归于日常的持之以恒的细节和习惯。习惯是什么？习惯是有礼貌地接电话，习惯是每天晚上睡觉前不吃零食，习惯是不追求奢侈消费也不乱花钱……习惯所包含的范围十分宽广，通常我们认为它是经过长时间积累的行为态度上的倾向。苏联教育家苏霍姆林斯基认为：行业、专业、工作，有上百种：有的是盖房子，有的是种庄稼，或者是给人治病，缝衣服等。但有一种包罗万象的、最复杂和最高尚的工作，对所有人来说都是一样的；而同时在每个家庭中又各自是独特的、不会重复的工作，那就是对人的教育和造就。在三百六十行中，当家长，教育孩子，是最为复杂的一件事。有的教育家认为：家庭教育的核心就是习惯教育，很多时候可以算是从孩子出生开始就在不断学习和积累的财富。

成功的家庭的家庭教育，首先取决于父母是否有正确的家庭教育观念。联合国教科文组织《学会生存》一书中提出的教育的四大支柱——学会做人、学会做事、学会学习和学会与他人共同生活的终身教育思想，仅仅依赖于学校教育是远远不够的。那么，到了大学学习阶段再重新思考“习惯教育”是否来得及？可能很多父母会质疑。经过多年对学生的教育观察发现，对于很多低年级学生——尤其是那些刚刚开始脱离于家庭之外进行大学生活的孩子来说，父母们在家庭教育引导中的潜移默化的习惯培养尤其重要，是学校教育所不能替代的一部分。

一、时间管理上的习惯

很多学生从来没有意识到时间管理的重要性，同时在这个环节上家庭教育也经常忽视其重要程度。让我们回想初高中阶段的学生生活模式，他们每天时间都被大量的课程、作业、提高班和复习备考所占据，从早晨 7：30 开始一直到晚间 21：00 左右。在我们对于大学低年级学生的调查中不难发现，几乎所有学生的初高中时代都是类似的，即便是“素质教育”，也大都是一种基于竞赛或学习夏令营之类的活动。而到了大学之后，会有大量的空余时间供学生们自主支配，这个时候该如何进行时间管理，不同的学生则会作出截然不同的选择。

案例　王某，大一学生，进入到大学之后，有轻度的对大学不适应状况，具体表现为，平时有些科目读起来较为吃力，所以每天晚上要看书到凌晨，进而造成很长时期内睡眠不足，第二天上课时更加无法集中精神听课。而每当到周末休息时间其变得更加焦虑，一方面担心自己无法取得学业上的好成绩，另一方面又觉得大学里依然整天为学习分数而烦恼，与自己对大学生活的预期相差很大。

虽然作息安排仅仅是时间管理的很小一部分，但是它足以反映一个学生独立的自我管理水平的高低，尤其是对那些没有独自住校经验的学生来说，如何规划每一天的行动，需要思考甚至是付出一定的代价才能逐步走入正常的轨道。那么，家长在子女的时间管理指导上应该注意哪些方面呢？

1. 充分沟通，及时了解孩子大学生活作息。经常性的电话沟通是很多家长和学生的主要沟通手段，甚至通过班主任、同寝室同学，都可以对大学的常态化生活有一些信息上的沟通，而在取得孩子的信任感，并了解其时间安排之后，才可能对孩子一些行为决策提供指导意见。生活作息对于某些同学来说可能是一件非常小的事情，但是对于某些同学来说，可能不仅影响到一个人的学习情况甚至带来精神衰弱等身心疾病类的困扰。但同时要提醒家长的是，不要把自己的经验强加给孩子，一定要尊重孩子对于大学生活的适应过程，如果试图超越这个经受小磨砺和小挫折的阶段，那么很可能最终还要重新付出更大的代价来“补课”。

2. 少责怪多鼓励，分享经验，缓解压力。大学生活非常丰富，时间是有限的，但是每个人的选择方式却是无限的。在无数选择中，有的同学会做课后练习，有的同学会研读课外书籍，有的同学会参加大学社团活动。当对高校生活逐渐了解深入之后，最先感受到的就是时间压力。每个学生在众多选择中，不得不将自己的时间管理起来，通过认真思考，区分不同事件与自已的相关程度，再重新分割自己的时间和精力，并随时平衡调整它们之间的权重关系。这个对时间管理的学习过程将是长期的和影响致深的。此类经验无法通过高中的课堂来学会，也无法通过大学的课堂来传授，甚至必须经历过一些深刻教训才能反思，才能理解。因此，在这个学习的过程中，父母的指导方式，更要学会从命令式、指令式向引导式、体验式转变，同孩子分享自身在社会生活中经历的经验教训，比替孩子直接设计具体的目标更为有效。

3. 发现问题，及早规劝或联络学校反馈。当然，对于大多数同学来说基本无需采取这种方式，但是个别的案例依然值得家长们留心。曾经有这样一个案例，某同学暑假期间在家整日看网络小说，甚至每天要熬夜到凌晨，父母虽然知道但未及时规劝或进一步沟通交流。而当后来因其学业成绩很低即被学校通知退学的时候，父母才发现，其子在校期间也经常沉溺于小说阅读，每天作息规律和暑假在家相仿，上午都在寝室睡觉因而旷课严重。

二、人际交往上的习惯

大学要处理的人际关系和初高中相比有很大的不同。初高中人际关系较为单一，除了同学之间、师生之间、朋友之间，离开课堂之外几乎不涉及各自生活习惯和丰富的人际网络。而在大学期间，有教师和学生之间的关系、同班成员之间的关系、寝室成员之间的关系、低年级和高年级同学之间的关系、不同社团群落成员之间的关系，甚至还有校内网络平台内不同成员之间的关系，这些关系，既不同于常规意义的“同学”，又不是狭义上的彼此有深入了解的“玩伴”，仅由于校园生活群落地域性和公共活动的丰富性而促成。

比如完成一个大型的调研作业，或者完成一次活动的宣传组织工作，任何一个人都无法独立承担，必须要和其他同学，甚至是一些较为陌生的同学进行合作。大学中的人际交往，和初高中单纯的“玩伴”关系有很大不同。为了短期的局域性的目标而建立的必要的沟通合作关系，这是每个学生必须经历的成长过程。

案例　孙某，女生，来自北方农村，大一期间性格较内向，很少参加学校内的各种活动，如学业上遇到问题，也很少询问同班同学，曾和父母提起过她觉得寝室同学因为大家生活习惯的不同而冷落她，人际关系较为紧张，从进入大学后情绪就非常低落。后来经过老师开导逐步摆脱了人际关系压力，学业也有所进步。

不同学生成长经历、家庭背景都有着很大的差异，因而学生之间的人际交往过程也是一个自我审视、相互学习的过程，更是一个求同存异的过程。从该例子中我们不难看出，人际关系难于处理，不仅有行为趋向选择的不同，也有思维理念上选择的不同，那么如何主动地消除彼此的分歧，在一定程度上取得共识和阶段性的目标，是需要大量的人际交往经验的积累，这也是一个当代社会对人才的基本要求之一。有的同学，因为高考之前对学习的专注影响了其全面素养的提高，在人际交往上面有着显著的盲点，也不是一时半刻能够弥补上的。所以很多家长对孩子成长充满担心，一方面担心孩子不能主动和别人交流，另一方面担心自己的孩子受其他人的欺负或在人际交往中“吃亏”。

那么在子女的人际交往方面的教育引导如何入手呢？家长们的言传身教非常重要，家长们长期对待长辈晚辈、亲戚朋友、同事邻居的态度，很大程度上影响了孩子对待他人的态度。很多家长曾经惊讶于孩子对于家长为人处世的观察了解，远远多于家长对于孩子的观察。所以说，如果家长不能做到的事情却要求孩子身体力行是徒劳的。那么需要掌握的原则有哪些呢？

1. 树立正确的人际交往信念。诚实和互助，是人际交往的基本要素，如果不能够坦诚相待，则不可能建立起彼此之间的信任感，没有相互信任就无法互助合作，也不可能分享交流彼此的信息。同时，无论是在学校还是在社会生活中，有人会更加功利化地看待人际交往过程。对此无需否认，利益上的双赢往往导致良好的人际互动结果，而

过分看重某些自己的“目的”，而忽视了彼此的合作分享过程，缺乏“换位思考”，则不会带来好的“人缘”，更不可能建立起长期的人际关系。

2. 从身边环境开始逐步扩展。从很多孩子对待父子关系或母子关系的态度上可以推断出其如何处理和周围同学之间的关系。如果父母意识到自己的孩子经常以自我为中心考虑问题，唯我意识很强，很少体谅周围人的感受，则这样的孩子非常容易在为人处事上受到挫折，容易受到不同价值观念人的冷落或排挤。父母们即应当和其一起探讨分析原因，然后指出其缺陷或不足。对待他人的态度往往和自我在人际交往中的定位有关，某方面的自视过高或者自信心不足，都会影响和他人的交流互动过程。家长可以尝试通过鼓励其从改善家庭中母子关系、父子关系或血缘较近的同龄人之间关系为切入点。当然，人际交往过程中的挫折体验也是弥足珍贵的，在一些家长的误导下，孩子可能为了“不吃亏”，社会交往频率和经验没有与年龄增长相称，始终保持在一个非常低的水准，最终导致对处理人际关系的回避态度。

3. 人际关系是多层次多方面的。虽然我们常说“人以群分，物以类聚”来描绘不同类型人群之间的差异，但如果一个人仅仅对某一类“志同道合”的人有好感，而忽视了生活本身的复杂性，则在交际策略上就会有很大的偏颇。如果没有意识到人际关系中的互补性和一致性同等重要，则会始终沉浸在自己的“小圈子”中，无法继续进步。

所以，每个学生、每个家庭之间都有着很大的差异，一方面家庭教育因人而异，没有绝对意义上“好的习惯”和“差的习惯”之间的区别，更不能盲目效仿一概而论；

另一方面，大学环境相对于社会生活来说还较为单纯，广大学生们的生活习惯和生活态度之间具有很强的共性，教育引导过程中的一些规律、经验和误区非常值得学生以及广大家长们学习和借鉴。

从"沉溺网络"现象思考大学生家庭教育

潘　健

作为教育体系的重要组成部分，家庭环境的作用在当今社会受到广泛的关注。而很多家长认为对他们的孩子只要"扶上马，送一程"考上大学就万事大吉了，若仅仅如此，他们对孩子的关注可能会远远达不到学生成长本身的需要。

★您的孩子是否有长时间使用电脑或长时间上网或长时间打电子游戏的情况?

随着信息时代的来临，网络生活对现实的影响日趋广泛，在学生的成长教育过程中，网络一方面扮演着海量信息载体的角色，另一方面也在不断地诱使青年学生偏离正常的教育轨道。虽然家长不必过分担心孩子对网络时代相关事物的接触，但"网络沉溺"现象确已成为大学学生工作经常面临的一大问题。本文希望通过一个"沉溺网络"相关案例分析，让家长们对大学阶段家庭教育一些原则有所了解，及时关注和防范学生成长中可能出现的问题。

案例　张某，男，18岁，独生子女，大二学生，学业成绩很不好，据老师反映其平时很少上课，经常放弃考试；同寝室同学证实其每天长时间用自己的手提式电脑打网络游戏。

这是一个普通的“沉溺网络”案例，长时间使用电脑上网并沉溺其中，平时疏于学业，也是很多刚刚进入到大学的青年学生最容易陷入的困境。显然，大学是开放的，不能够依靠严禁使用电脑或者强制关闭网络来督促少部分人的学业，但禁止这些人使用电脑是否就能解决所有问题呢？首先，这涉及学生个体自制力的问题，必须由其本人主动意识到沉溺网络是对自己有害且需要戒除，外界约束效果极为有限。其次，沉溺网络只是初步的表面现象。长期的学生工作经验表明，大多数沉溺网络游戏的同学，其荒废学业行为的背后可能会存在更为深刻的缘由。所以，在发现该同学情况后，辅导老师迅速地和该同学进行了面对面谈话，之后我们又对其有进一步的了解和发现：

1. 该同学进入大学后的前几个月内学习情况基本正常，但是第二次考试即冬学期大考却突然成绩一落千丈，所有选修科目都只得到30多分，其开始对学习有很强的厌恶感，进而发展成长期不去上课，待在寝室里。

2. 该同学籍贯偏远，是独生子女，周围没有老乡或亲朋，平时不爱说话，遇到问题也很少主动询问或给家里打电话；除了班级、寝室之外没有任何主动认识的同学。

从这些相关信息我们不难看出，该学生社会人际交往能力偏低，面对学业困难抗挫折能力偏低，这都是可能导致其以“沉溺网络”的方式消极逃避大学现实生活压力的诱因。在掌握了这些基本情况后，我们将其父母尽快邀请至学校面谈。而在和父母们的交流中，我们才更深入地挖掘出该同学的成长背景信息：

1. 该学生父母都是当地重点高中教师，对孩子的要求和期望都很高，从小学开始其考试没有出现不及格情况且考试成绩如果低于90分就要受到父母的严厉批评；其在进入大学之前几乎每天都按照父母给其指定学业进度进行学习，一切皆服从于父母的指示，绝不允许讨价还价，丝毫没有商量的余地。如果不是现在老师们主动联系父母，父母不知道其学业情况，他也很害怕父母了解到他目前所处的学业压力。

2. 学生本人系独生子女，除了父母之外，身边几乎没有同学或亲密朋友，和同学的关系也较为疏远。自从高中毕业后开始逐渐学会上网，并且每天上网的时间平均长达7小时。经过和该生的再次交流后又发现，其上网的主要娱乐目的就是和认识的几个网友一同进行网络游戏。

至此，我们可以初步认定，在该同学的成长过程中，其父母主导下的家庭教育方式有很大的缺陷，虽然在考上大学这个阶段性的任务上取得了一定的成功，但是代价非常高昂：

首先，孩子的家庭教育主要目的在于要引导其进行自我的塑造与规划。父母长期在家庭教育引导过程中注重高标准严要求，而忽视对孩子自身成长需要的思考，迫使孩子对“考入大学”投入相当的精力和付出，却没有引导其“学会学习”。因而在其丧失外在的压力和约束后，该生便很难适应大学生活节奏，比如自我心理调节、抵抗挫折能力等。入学后糟糕的考试成绩对其自信心的打击非常大，诱使其对学业产生回避的情绪。电脑网络，尤其是网络游戏，则提供了一个便利的情绪宣泄途径。目前学校内外流行的网络游戏层出不穷，而在虚拟世界中，很多时候却可以通过相对容易的方式获得类似现实世界的成就体验，我们通常所说的“网络成瘾”，就是由于这种虚拟世界的“成就体验”被反复强化和训练后，几乎完全替代了学生在现实生活中的存在感，它甚至诱惑学生使用全部的时间、精力甚至金钱进行投入。

其次，该生长期被封闭在一个人际关系单一化的环境内，偏颇的家庭教育理念割裂了其和外部交流的机会。比如每天他仅需要处理和父母的关系，而忽视了和同龄人的交流沟通。而当某一天他突然发现人际关系处理缺乏经验，且无法立即求助于父母的时候，就会努力寻求其他替代的方式进行压力的缓解，“和网友一同打网络游戏”，就是这种思维意识的体现。同时根据班级同学们反映，他从来不曾就现实中学业上的问题主动向其他同学咨询或有寻求帮助之类的举动，非常害怕别人嘲笑其学习能力和学业水平。而在虚拟世界同时使用的是大量的虚拟身份，可以在完成个人目标的同时，回避掉几乎所有被嘲笑和排斥的冷落感。当然，这种交流感也是需要代价的，沉溺网络的过程就是耗费大量时间的过程，而越是在现实中回避交流，交流能力越是薄弱，于是“沉溺网络”形成了自己成长道路上的恶性循环。

当我们和其父母共同对其的成长经历进行深入的分析后，最终在这个问题的判断上达成了一致的共识：在“逃避学业”及“现实交流障碍”双重推动下，对网络游戏的沉溺表现才最终成为该学生“顺理成章”的必然选择。父母非常认同学校的分析，并且恳求学校能够协助引导该生回复到正常的学业轨道上。我们认为改变过去是不现实的，而面对未来也还有很多的道理要思考，但根据学生当前情况，对以后的家庭教育我们还是给出了如下的几条建议：

1. 告诫其意识到沉溺网络的危害，端正学业态度；如果可能的话，应监督其减少网络使用时间，克服网络依赖倾向；亦可同时多鼓励其从事户外活动等。引导其正视当前面临的学业压力，鼓励并协助其重新树立学业信心，提高其应对困难挫折的勇气。可以引导其从较为容易的细小地方如“生活作息时间安排”等开始调整改变。

2. 在重新同孩子建立信任关系之后，鼓励其以积极开放的心态去尝试与同龄人交流，比如请孩子谈谈如何适应大学班级、寝室氛围，谈谈自己认识的新同学等，引导其挖掘在和同龄人的交流中感受到“被信任感”与“被尊重感”等。家长可将自己的成长经历和孩子一起分享。积极宽松的人际环境是大学生活必不可缺的环节，“网络人际”虽然已经是当代社会的一大生活特征，但是它仅仅是现实社会关系的一种投射，无论如何完善，终究无法替代现实生活中人与人的交流。

3. 改进学习习惯和学习方法，比学业成绩更为关键。设立阶段性目标，比如要以某个学业科目为突破口，逐步规划，逐步完成，不应急于求成。

通过这个案例我们不难发现，青年学生沉溺网络往往在开始阶段并不是出于对网络生活的极端喜爱，而是在现实生活中遇到了自己难于克服的挫折和困难，同时自身又缺乏解决应对的能力和经验，进而尝试通过对“虚拟世界”的构建来逃避一切现实的困扰，缓解内心压力。事实表明，如果单纯地制止其沉溺行为效果非常有限，甚至往往引发学生的逆反心理，这是很多家长在家庭教育过程中常常会犯的错误。孩子在初高中阶段学习成绩的“一好百好”，非常容易掩盖家庭教育中的巨大缺陷，让家长们误以为引导孩子考入大学就“完成了对孩子的历史使命”。心理教育、挫折教育、同龄（同伴）教育，都是整个培养教育系统中不可缺少的教育成分，通过家庭教育的引导，让一个学生能够积极地面对外界事物，让他不会被暂时的困难所击垮，让他能够从同龄人身上学到东西，这些远比一两次考试的分数成绩重要得多。

参考文献：

（美）尼科尔斯，（美）施瓦茨. 家庭治疗基础——心理咨询与治疗系列. 林丹华等译. 北京：中国轻工业出版社，2005.

孩子谈恋爱了，家长该怎么办？

陈 庆 杨 亮

一些家长也频频向大学老师打电话问孩子是否已经在大学谈恋爱。在父母们的眼中，大学生在心理上和思想上还不够成熟，还是一群刚刚远离父母怀抱们的一群孩子。当代社会，大学生是否可以谈恋爱已是无需讨论的话题。不过，就“大学的恋爱，会瞒着家里吗”这个问题而言，根据某大学近期一项涵盖224名大学生的网络调查显示：其中106人会选择告诉家长，而118人选择不会告诉。有这样一种观点，青年人或者依然在心理上依赖于父母，或者叛逆和独立的情绪开始显现，希望挣脱父母的约束，把感情问题视为自己的绝对主权空间。大学生应有自己相对独立的感情生活，谁也不可能像密探一样及时地掌握最新情况。所以，就大学生的感情问题而言，作为父母和老师都不应该过多干涉，即便是辅导老师们也无法就这个话题完全“尽在掌握”。

同时现实情况表明，大学生世界观、价值观和人生观尚未定型，感情丰富，理智脆弱，易冲动，，还没有深刻理解恋爱的意义和爱情的真谛就“跟风式”谈情说爱，而后匆匆忙忙地失恋，“不求天长地久，只在乎曾经拥有”，对爱情的追求往往过于理想化、简单化。学校的心理辅导站每年都要接访大量的在恋爱问题、感情问题上受到困扰的学生咨询。很多学生在大学期间容易在感情问题上遭受挫折，乃至影响到自己正常的学业情况，甚至给自己或他人造成长时间地创伤体验，甚至有个别学生认为在大学阶段不谈一场恋爱就不是一个完整的大学阶段。在恋爱问题上充斥着大量的误区和误解，不由得让父母和老师们对大学生们的感情问题予以更多的关注。

首先，谈恋爱是一类正常的社会交往过程，孩子的恋爱、情感困惑仅仅是家庭交流沟通的一个领域。很多家长宁可对大学生谈恋爱持非常谨慎保守的态度，却没有意识到大学生群体中的社会人际交往障碍更加频发。有国内教育机构曾针对28所高等院校的747名学生进行的问卷调查，59％的受调查者表现出不同程度的人际交往障碍，比其他的心理问题相对更普遍，更多的家长没有意识到自己的孩子无法处理好异性关系，甚至说话的时候心慌、害羞，这些更是需要适应、调整和转变的。同时，感情这个领域的特殊性在于它很难被区分，甚至连孩子自己也不无法定以哪些是属于友谊、哪些是属于爱情、那些属于感情的概念范畴。加之我们的传统文化中对异性交往的处理模式都较为内敛，道德色彩十分浓厚，父母有的时候好像是无从建议。

作为一名超过18周岁的成年人，应该拥有自己的私有（隐私）空间，感情问题，乃至未来的婚恋问题，都是一个成年人自己的事情。很多家长很单纯地一厢情愿地希望“孩子能够在高中或者大学期间好好学习，毕业后家庭事业幸福美满”。期间却无法给出孩子们任何一个准确地能够获得社会交往、人际沟通、异性交流能力的成长“时间表”。

可见，对于孩子们的全面成长成熟而言，一些家长们过于一厢情愿了，忽视了成长背后的不断积累和曲折过程，甚至让孩子不走弯路的想法，可能会令其经历更多的成长曲折。同时，我们更应该看到家庭教育的特殊性。它长期存在于孩子的周围，对孩子的价值观、习惯的影响是无可比拟的，其实父母每天都在通过语言和行为，向孩子传递着大量的建议信息，这些信息会一刻不停地给予孩子以影响，而不是等到问题来临的那一天父母或孩子才可能意识到“其实有些话应该早点说出来”。

就家长是否有权力了解孩子是否在谈恋爱，作为大学生的“私事”来说，家长和老师的确无法强制地要求其汇报，但是为何有的家庭能够较为融洽地进行沟通，共同分享一些信息呢？曾经询问过很多的家庭交流氛围，发现较为理想的情况是，父母和孩子从小就保持着沟通和信任的机制，家长并不强制灌输，孩子也并不言听计从，彼此都留给彼此一些自由支配的空间。在这种家庭氛围下，关于孩子的异性交往问题变得非常普通，孩子并不是惜字如金，家长也不是为了避免孩子的学业受到不好的影响而不停地罗列一些“道理”。在这种家庭氛围下，孩子性格上就会有外向、合群的一面，对于人际关系的把握有一定的经验，能够主动地向父母或其他亲属透露自己的感情生活状况，对父母较为信任。当他们遇到一些重大人际关系变动，很习惯尝试向父母倾诉，比如朋友之间的摩擦、失恋等。所以，孩子在缺乏独立处理能力或经验的时候，家长是否能够取得这种“信任求助”，是非常关键的，孩子没有义务向父母倾诉，但是父母有义务了解孩子。营造如何的家庭交流氛围是父母的首要责任，否则家庭教育无从谈起。

其次，家长对孩子在大学期间谈恋爱应持有“尊重”的态度。孩子成年了，家庭的教育方式是必须有所转变的，不能再如同对待未成年人一样处处约束管教。谈恋爱是成人的自由的权力之一，盲目的操心、粗暴的干涉，只能给孩子带来无尽地烦恼最终脱离家庭教育体系之外，我想这更是父母们所不愿意看到的。更何况在这个年龄的青年人普遍都怀有叛逆精神。对一个成年人来说，没有必要向家长事无巨细地汇报所有在校期间情况，因为他们觉得很多事情如果询问了家长，就说明自己尚未长大成人，还十分“孩子气”，甚至如果被同龄人知道会受到嘲笑。在逆反心理的驱动下，总试图以抵制权威的过程来证明自己的成长，这是青年人的普遍心理，也是每个家长都或多或少经历过的，应该可以理解现在青年人渴望成长和独立的心理诉求。这些期望虽然和青年人的阅历、能力、经验并不匹配，甚至相距甚远，甚至要付出很多成长的代价。但应该牢记“尊重”是交流沟通的出发点，是未来的一切有效建议的来源。

当家长对孩子的恋爱行为有所尊重后，孩子才能从父母这里获得精神上的共鸣，才会接受进一步的建议和指导。如何“尊重”孩子的自主权力看似简单，但理解起来非常容易偏差。我们注意到有一些大学生对恋爱表现得过于“随意”，比如说开始一段感情生活仅仅是盲目追随潮流或者为了满足一下暂时的虚荣心而已。这些父母就恋爱问题平时与孩子的沟通上非常少，或者态度消极否定，认为在校期间的感情很不正规，不过是一场“儿戏”，让孩子无法感受到被“尊重”。于是这些独生子女便试图通过不断地谈恋爱的过程，在恋爱中找寻那种被关怀、被尊重的类似亲情的感觉予以补偿，此类“情感寄托型”的恋爱观较为幼稚，稳定性也非常差，甚至会显得遭受更多的不佳的感情挫折，而家长怎么会意识到这些差错居然是和家长自身有关的呢？有的家庭父母态度较为开放，甚至要求孩子在学校期间能够找到“生命中的另一半”，其结果可能是孩子也不堪压力，甚至诞生了为满足父母的“迫切期望”，“租赁”异性朋友到家中“做客”的奇思妙想。第三类可能是家庭氛围较为保守，父母以自身经历说教，反复教导孩子要感情专一，忽视了感情问题的发展性、交互性，泛化了道德色彩的同时对待感情问题非常主观单向。这样的孩子缺乏正常的人际交流尤其是异性之间的交流沟通能力，把所有正常的异性交往都当作谈情说爱以“严肃对待”。在这种家庭氛围下，父母传递给孩子的信息也绝对不是对恋爱行为的尊重，而是保守陈腐的文化观念，势必会影响到孩子的身心全面发展。有不少大学生受到失恋的困扰，甚至长达几年的时间都无法从感情阴影中走出来重新找寻生活的动力和方向，大都由于在感情开始之初没有树立正确的价值观念导致最终“无法释怀”所致，这种结果恐怕也不是广

大父母们所期望看到的影响。

尊重之后要给予必要的建议，大多数家长希望孩子对待感情问题更为理智一些。父母一旦获知孩子的恋爱状态，总是迫不及待地期望他们能够理智地对待，尤其是在学业、事业与感情不能兼顾的情况下。的确，这种意见符合现阶段大部分大学生生活现状。很多学生都是人生第一次走出家门到大学来学习，面对陌生的环境情感需要是最为强烈的，学生自发或学校组织的各种活动令大家充分互动，这些都是为了能够让学生们快速地适应大学崭新的生活节奏。而同时在大学生心理和生理逐渐成熟的过程中，对情感需要的渴望会越来越强烈，在大量的自由支配的时间里学生将“谈恋爱”往往视为填补空虚孤独心境的重要方式，而忽视了恋爱的种种弊端。学生的恋爱观较为单纯和理想化，感情丰富而经验欠缺，很多人还没有深刻理解爱情的真谛就匆忙恋爱、匆忙分手。就上面那个案例来看，父母及时发现并制止了自己的孩子因为谈恋爱导致的很“出格”的计划。在文章上述案例中，孩子在没有充分准备的情况下选择了一个不恰当的时间去计划出游，说明了感情作用下青年人缺乏理性规划，思考过程的冲动盲目，只顾得“甜蜜爱情如美酒”而忘记了“沉醉不知归路”，被爱情冲昏了头脑。

两年前曾有一个学生到我这里诉苦，说自己的手机被家长没收了，原因是家长发现她在学校谈恋爱。家长和学校老师进行了电话沟通，老师们表示较为难于理解。因为在大学期间正常的异性交往，乃至“谈情说爱”，属于正常的生活交往范畴，现在很少有古板的父母把孩子们在大学期间“谈恋爱”视为“洪水猛兽”一样避之不及。而经过我详细询问后发现，原来该家长刚刚发现孩子在几周前刚刚和“女朋友”认识，交往时间非常短暂。同时发现他们在缺少准备和经验的前提下两个人计划在暑期一起逃课（短学期期间）去偏远山区徒步探险，出于对他们的学业问题和安全情况担心所以强烈反对，最后不得已将其手机没收。

虽然这个案例的结果大家基本都能够接受，但非常遗憾的是，这些有益的理性化的建议，并没有采取恰当的方式，从解决问题根源方式去入手。家长没有权力知道但“应该”知道学生在校期间的重要的生活动向。父母肯定觉得自己没有做错。父母们以一种较为极端的措施，简单粗暴地暂时掐断了“小情人”彼此之间的联系，就能够让问题得到解决么？显然，假设孩子就此不堪压力一走了之的话，恐怕更是非常危险和父母们唯恐不及的事情，更加有违这些“理性建议”的初衷。而倘若父母们要孩子们拿出切实可行的出游计划、对徒步探险的风险进行预期评估，恐怕孩子会早早意识到自己的决策是多么的幼稚和充满漏洞。同样的目的，不同的指导策略显然有很大区别。所以说，让孩子们意识到并学会理智地对待恋爱，比家长们如何推行个人的意志更为重要，而平等地对话沟通才是基础。作为父母也应在平时保持和孩子的沟通交流，才能在一些关键的时候提出能够让孩子理性接受的指导意见。

同时我们也要注意，理性思考固然重要，但是过度的

"计算"反而也害人害己。恋爱动机的多元化本是一种普遍的社会现象，但是应当指出，社会功利化倾向对大学生的价值取向有非常大的影响，少数学生贪图个人的私欲，为了获得物质上的享受满足，将个人感情作为商品待价而沽，忽视了爱情的神圣一面，将世俗化功利化。在大学生恋爱交往过程中，我们发现少数学生功利观过强，把恋爱、感情当作筹码来，将爱情乃至婚姻视为改变个人地位、财富、人际的捷径。这种恋爱模式下的双方，彼此都缺乏足够的信任感和责任感，也并不关注共同语言或共同体验，往往最终没有很好的结果。而家长在其间可能会扮演某种责全求备的角色：一方面都不希望自己的孩子在婚恋过程中"吃亏"，讲求恋爱双方的家庭背景、经济实力、社会阶层的匹配，一定要追求"门当户对"；另一方面又希望自己的子女能够从恋爱走向婚姻，幸福美满获得真爱，有一个忠实可靠、志同道合、默契相投的终身伴侣，为子女提出了一些"过度"的建议，增添了孩子的精神负担，甚至造成不必要的冲突和对立。

最后，倘若父母意识到孩子在恋爱中发生了"问题"该如何处理。比如大学的感情生活中很多人都品尝过失恋的苦涩，甚至不少同学从此意志消沉，荒废了大学中最为宝贵的成长时期。但是从另一方面来看，从恋爱过程中尤其是失败的恋爱过程中能够领悟到很多人生的命题，能够让青年人重新对自我进行反思和审视，所以也不需要过于担心忧虑。一般来说，失恋者要度过三个时期：

1. 宣泄期：青年人本身情绪波动较大，很多失恋者在这个时期都情绪非常激动而痛苦，正常的饮食睡眠都会受到干扰。如果家长发现孩子脾气突然暴躁不安，作息紊乱的迹象。家长应在这个阶段予以关注，孩子最迫切的需要是找到一个能够倾诉的对象，这个对象可能是同学、朋友、家长或者其他亲属，通过倾诉来释放、排解自身的压力和孤独情绪。家长可以用最简单高效的方式——倾听来应对，即家长对于孩子的所有表述不要急于评价，不要匆忙下结论，不要急切地表达建议，更不要因为与孩子不同的见解而产生争执。什么时候孩子激动、怨愤的语气和态度开始逐渐平复，这个情绪宣泄期也就顺利地度过了。在这个过程中，尽管父母没有细致的表述，但是从倾听的“态度”上，表达了对于孩子的理解和对其未来成长的期待。另外一种方式即情景转移，比如引导孩子投身到学习、工作中、创作出外旅游，或参与其他集体类活动。这些都可以有助于个体情绪的调节。

2. 归因期：宣泄期并不能完全舒缓挫折感，很多恋爱失败的人往往会向外部和内部查找原因。如果认为主要的原因来自于自身，比如身高、家庭出身背景、性格、学业成绩等方面，则会不断地会在潜意识中否定自己怨恨自己，认为自己的“不足”是造成失恋的唯一解释，内心失望沮

丧自卑，挫折感非常强烈，甚至产生轻生的念头。如果父母发现孩子因为感情问题突然对身边事情都非常懈怠消极，就需要协助其重新冷静分析，正确地对待“谈恋爱”过程中的因果关系。很多大学生作为独生子女因为从小生长环境中缺乏同伴间的交流和接触，自我中心意识非常顽固，认为“只要我爱她，她就必须爱我”是天经地义的事情，忽视了感情问题不是一个人能够单方面全部决定的。感情需要付出和投入，但回报结果并不能完全得偿所愿。有的家长甚至会在这个时候和孩子一起分享自己的感情经历，从而让孩子弱化自身的挫折感，使其恢复正常心态，这都是非常好的方式。而如果失恋者认为失恋的主要原因来自于外部，比如竞争对手或恋人对待感情不诚实等等，自己就会产生仇视、嫉妒甚至报复的念头。具有强烈占有欲的人，常用“非爱即恨”的感情模式来处理生活中的感情危机。在这个时候，家长要引导其换位思考，要懂得恋爱不是婚姻也不存在过错，它不是一个人的“专利”，每个人的道德尺度和行为方式都是有所差异的。恋爱是谈出来的，这个“谈”的过程就是双方相互交流、不断发掘、相互匹配并适应的过程。失恋即是正常地结束彼此之间恋爱关系，而不能以主观评判下的“谁正确”或“谁错误”来评判处理感情问题。

3. 迷失期：经过短期的情绪变化后，失恋者一般会接受现实，进入到长时间的消沉期。很多大学生的适应环境的能力很弱，尤其是一些人的恋爱状态在保持过一个相当长的时间后，所有生活节奏会被突然失恋打乱，加上心理上的抑郁情绪，会非常难以适应这种变化。有些同学会变得脆弱敏感，孤独冷漠，整日浑浑噩噩，无心关注学业，有的甚至凡事变得退缩、逃避、压抑。我们认为，把感情挫折当作一种成长体验引导学生凭借自己的力量走出精神困境是教育的最终目的，也是学会独立思考、独立生存的最佳途径。家长不必过于“呵护照顾”这些青年人，更不要试图为其“打点一切”。家长们真正需要的是耐心观察，当发现有一些不好的征兆或苗头的时候，如个别学生身上发现如抑郁、疑心、焦虑、暴饮暴食等一些不正常的心理现象或行为特征，在“不经意”间能够给予一些提示，或者联系学校沟通信息，如果必要的话予以心理上的辅导。

倘若孩子恋爱了，除了失恋最容易受到父母的关注之外，对于“性”的苦恼和误解可能更多的在于孩子自身。对于“性”这次词来说，在我国一度成为堕落荒淫的代名词，甚至在教育界对于学生的性观念普及工作都是严重缺失。当代社会的价值观普遍认为：性是爱情构成的重要组成部分，但是沉陷于肉体欲望的“爱情”是十分危险的。这种盲目无知的情景下，一些青年人很容易充满好奇，甚至在谈恋爱的过程中无法把持自己，为了满足性冲动而越过“界限”。就整个社会接纳程度来看，在大学期间有不少青少人“偷食禁果”甚至未婚先孕，给自己的正常学业生活带来了无限地痛苦。因此，家长正确的策略应该是一方面针对青年人的好奇心理，适当讲解（或推荐健康科普的书籍阅读）；另一方面，在当代大学生恋爱观中，有必要关注性道德教育，即恋爱过程中应反对男女双方不负责任的性接触，尤其是婚前的性行为。

那么，大学生谈恋爱就都是充满危险和问题的么？通常无论是社会影响、家长说教还是学校管理，都不会把“谈情说爱”当作大学生活的主体任务来宣传教育。而实践中，家长们同时常常会发现谈恋爱的孩子懂事多了，人也变得成熟了，难道说“谈恋爱”比教育还更有效么？这是为何呢？原因在于整个谈恋爱的过程，不少孩子会在潜移默化中在一定程度上消除自我中心的价值观，逐渐学会为他人考虑和付出，体谅别人，做事更能斟酌筹划。我们常常看到很多大学生在大学的时间规划能力很差，学习动力不足，而谈恋爱之后，却把自己的生活与未来目标规划得非常有条理，这恐怕就是谈恋爱过程中的意料之内的“副产品”。

最后的建议是，良好的家庭氛围对于孩子情感观念上的影响要远远大于对其学业上的影响，父母们对待家庭感情氛围的营造方式，就是孩子们对待自己婚恋的态度，就是他们处理自己情感世界的方式。如果您的孩子谈恋爱了，请把家庭当作孩子们可信赖和依托的坚实后盾，把家庭打造成一个温馨和睦的情感港湾，为他们提一些友善的忠告，给他们一个驻足休整的地方。

家长应如何教育“大学生个人理财”

杨 亮

对于大学生个人理财，很多家长有不同的看法。有的家长认为大学生的主要任务是学习，不应该花费太多心思在钱财管理上面。有的家长担心孩子忙于打工之类的事情不务正业甚至上当受骗，有的家庭经济条件较为拮据，希望孩子能够尽量省吃俭用，及早走上工作岗位。这些观点中充满了家长对孩子的期待，都有可取之处，但这些并不是大学生个人理财教育的全部。

首先，理财教育树立的是孩子正确的个人财务管理观念，而且无论家庭经济背景状况如何，都有与之适应的财务观念。虽然目前从国情出发来看，绝大多数的大学生无法在经济上具备独立的地位，还需要来自家庭的经济支持才能度过大学四年的求学生涯，但是理财教育非常重要，如果不具备正确的理财概念，对于孩子未来的独立生活将造成非常大的负面影响。同时，理财概念是个人的长期规划能力的体现。如果一个人对于自身的财务管理有长期的全面的考虑，则会在日常学习生活中对一些事物的取舍有更好的把握，不至于滋生攀比炫耀的倾向，让自己的消费观念更趋于理性，更能集中精力和财力去做重要的事情。

其次，理财教育是具有紧迫性的。据研究统计表明，在国外绝大多数家庭从子女上学之前就开始注重对其财务观念的培养，比如让孩子通过在家里做家务来赚取零花钱，或者到放假时间很多孩子都外出打工自己赚学费。当然，受制于我国的文化传统的影响和教育体制模式，这些孩子们无法通过这种长期的和财务的接触建立起理财意识，比如我们现在看到的频频出现在学生身上的攀比型消费、奢侈型消费、超前型消费，就是不健康的财务观念的表现。但现在我们每个家长都清晰地意识到在四年之后即大多数子女大学毕业后马上即走上工作岗位，那么如果届时在理财方面一无所知毫无概念，那只能让家长更多的担心其是否具备独立生活的能力。

最后，大学生的个人理财，和我们通常所遇到的家庭理财观念有很大的不同。家庭理财更关注的是如何量入为出，如何投资或者提高家庭生活水平。而大学生的个人理财，重点在于树立正确的个人财务观念以及个人消费习惯与消费规划能力的养成。比如说，某个大一学生初到学校想购买一台手提式电脑，必须涉及很多财务观念上的思考：

1. 这个物品是否为大学生活学习阶段所必需的，它的用处体现在哪里。

2. 从自己的经济承受能力来看是否有得当，是否要选择更加便宜的如台式电脑来替代。

3. 如果花费是必需的，那么自己是否应该在其他如服装、餐饮或其他方面的消费所有削减。

4. 这些资金是选择直接向父母提出额外经济支持，还是通过每月的消费结余积累，还是通过自己打工赚取。

作为子女理财教育措施，建议家长们采用如下方式：

1. 鼓励子女形成记账的习惯。记账并不仅仅是为了打消年轻人冲动型消费念头，而是强调了对财务管理的全局观念，避免凡事依然求诸于父母长辈。很多家庭也都有记账的习惯。曾经某专业学生宋某在即将大学毕业的时候这样说：他觉得父母对他的最大影响就是在很小的时候就形成了把很多事情都记下来的习惯，在家里由他负责记录家里的每日发生的所有支出收入账目，所以自己一方面体会到了现实生活的不易，从不乱花钱，另一方面他也形成了记录的习惯，在大学期间每天都坚持记录一些自己的财务开销以及其他的一些规划心得，这个习惯令他非常受益，尤其是在脱离父母之后，如果生活上遇到彷徨或迷惑，如遇到学业和生活上的阻碍较为消沉时，不会忘记自己既定的目标和对未来的期待，这些记录在本子上的只言片语能够让他保持良好的信心和状态，而且这些良好的思维习惯更是无法通过大学里选修某些专业课程学到的。

2. 鼓励在集体交流中学会维护自身权益。大学集体生活带给学生们的影响最重要的是形成一个微型的社会环境，让学生们在寝室里、班级里进行长期的人际互动，有助于增加他们的社会生活经验和与之适应的能力。举一个最为简单的例子：在一个集体寝室当中，如何支付电费就非常让同学们费脑子。尤其是在大家有一些共用电器的情况下，每个人的生活习惯都不一样，消费额度也不同，那么如何分摊一个寝室的电费，就需要寝室四个人认真地坐下来沟通协商。虽然每个月百余元的电费分摊并不是非常重大的事件，但这就是学生们锻炼如何处理最为简单的个人财务问题的重要课程，无论是“斤斤计较”还是“大包大揽”都会让学生们在实践中品味如何合理地维护自己的权益、协调彼此的利益。曾有同学向我诉苦说，他有一个同学想找他借钱，但是他不知道遇到这样的事情是否应该要求对方写借条。碍于情面他不愿开口做这样的要求，但是同时又怕对方忘记，到要其偿还的时候说不清。同样的小问题小事情每天几乎都可能发生在他们的身边，这些事情引导学生的思维逐渐向一个成人转变，让一个人的思维更加趋于理性、全面和符合个人价值观特质。一个 18 岁的年轻人要经过一段时间的适应才会意识到自己已经是一个具备民事行为能力的个人，要经过更长的时间才能够在心理上确认这一点。如果处理不好这些问题或者刻意地回避，就容易让这些问题在未来的某一天演变为苦恼。

3. 通过财务细节锻炼孩子的生活责任感。多年的学生工作实践中我们经常发现，很多学生家庭并不富裕甚至较为贫困，但是这些学生在入校时对贫困生借贷和资助信息并不关心，主动性非常差，甚至很多贷学金、助学金政策都是在一两年后才逐渐知晓。一些家庭为了不给孩子以经济压力和负担，从小灌输这样的观念："只要学习好，其他不用操心。"长久之后，孩子真的对自身的家庭经济没有认识和判断，甚至不太清楚自己是否具备在大学里申请各种贫困助学金资格，令很多老师哭笑不得。当然，也有很多同学非常体贴家庭，在学有余力的情况下，通过校内校外勤工助学或家教等形式分担家庭压力。其实理财并不只意味着花钱和赚钱那么简单，即便是去银行取钱和存钱，也能从中学到不少理财知识。大学期间，学生们基本都会在银行设有独立账户，如何减免手续费用，如何计算银行利息，甚至说如何使用自动取款机，如何安全地进行网上支付或获得异地存取服务，都能培养一个人最为基本的独立生活细节。未来的社会生活，要求大学生们必须掌握这些有关生活的技能。

个别的家庭会给孩子较多的生活费用。那么如何利用这些“闲钱”也是考验学生情商的一大题目。有一些同学选择花在参加校外英语培训班上是值得肯定的，有的同学业余时间花费一些费用用于参加公益社会活动也是不错的，甚至有同学用少量的资金开始了自己第一笔的“金融投资”。这些努力都会为大学生们将来步入社会进行经验的积累，如果能够保持对学校学业的关注，在课余时间量力而行回避过大的风险努力，通过实践努力充实自己，也不失为一种成长。除此之外，当今大学校园的开放性也值得父母们提高警惕，一些非法的机构或社会闲散人员往往通过各种手段在校园内外直接或间接进行经济诈骗活动，往往给一些缺乏社会经验的大学生及家庭带来经济上的损失。

该思考的事情必须让孩子们思考起来，否则和“娇生惯养”没有本质的区别。大学生活对学生来说是一段陌生而新奇的旅程，对于家长也是一样，所以家长和孩子之间的沟通是非常必要的。课堂之外，在家庭的引导下让孩子们形成自己的理财观念，是协助他们积极迈向独立生活的重要方式。

从个人权益保护谈大学新生法律意识培养

梁清华

我们先来看一个案例：某学期末，接到一学生的电话，称遇到棘手问题，希望老师能提供点法律意见，事情的原委如下：

一个叫S的杭州某文化教育咨询公司不知从何处获得了他的姓名和手机号码等个人信息，多次打电话邀请其参加一个有关职业规划培训的“免费”讲座。学生不胜其电话之扰，终于答应到指定地点看一看。原以为听个讲座就回来了，要不了多少时间，没想到在那儿一待就是数个小时，中间想走都脱不了身。到了指定地点后，接待员将其安排给一名培训老师，所谓的“免费”讲座就是由后者给其做一个职业能力测试，然后就拉着他“谈心”。聊天的内容从大学教育学不到什么东西，大学生就业怎么艰难；到其职业能力如何低下，需要提升若干能力；然后引导到该公司的培训课程如何卓越，可以帮其在短期内提高竞争力等。最后培训老师拿出一张课程申请表，一再催促该生赶紧填报，付费。一方面该培训师言之凿凿，另一方面也是为了摆脱培训员软磨硬泡数个小时的纠缠，他拿出了身上仅有的200元钱，终于得以脱身返校，但随后意识到可能是上当受骗了，随即打电话过去要求退钱，不想业务员的态度陡然从热变冷，说，服务合同已签，毁约必须支付相当于培训费30%的违约金，不然就追究其违约责任。不就是领张课表吗，哪来的合同？该生找出那张课表一看，果然上面印着“违约需要支付30%的违约金”的字样，不禁倒吸一口凉气，没想到里面还有这样的陷阱。

那么，如果遇到这样的事情，该学生是否真的“违约”了？是否真的要承担不良后果或法律责任呢？很多学生，尤其是大学生法律经验和社会经验都是非常欠缺的，遇到问题，尤其是涉及一些个人权益被侵害的突发问题，往往不能有效地处理。在这起案例中的同学，明显受到了涉嫌诈骗行为的社会非法机构重大的误导，导致自身权益受到相当大的损害，以致长期的电话胁迫与骚扰更让一个人的精神受到折磨。如果说个别的同学感到“求助无门”，从愤恨抱怨甚至跃升到极端尝试以某种暴力方式“以恶惩恶”，那么可能引发更大的悲剧性事件。如同类似的个人财产管理，在学生教育成长过程中来看可真一点也不算是“小事”。同时我们也不难发现，一些生活常识中的法律素养教育，越来越成为学校教育、家庭教育之间的巨大空白地带，这些空隙如果无法及时弥补和填充，就无法为孩子的成长提供有效护航。那么，如何令学生提高法律素养，以保护其个人权益不受侵害呢？

一、预防为主，事要多知

大学生一般都大于18岁，虽然还没有在经济上完全独立，但已经属于成人，具有完全的民事行为权利和能力。而家庭事务中，也极少出现需要孩子参与的法律事务，社会经验极为欠缺。在刚才这个案例中，从一些学生事后的回忆看，该公司就是利用了大一学生刚脱离父母监护，涉世不深，相对单纯、规矩，没有风险防范意识的特点，使用一些同龄人到校违规发放一些调查问卷的方式，在同学们都缺乏足够戒备的情况下获得大量的新入校同学的姓名、手机号码、专业甚至宿舍电话，然后，按图索骥，一一去电，对方若确认身份无误，电话就会反复打来，直至说服学生接受“免费”职业规划讲座或其他形式的推介为止。根据杭州某报社记者调查发现，这些信息其实是学生自己在不经意间透露出去的，只不过当时在填写调查表格时根本没想到会被他人拿来作为营销的手段。很多类似经历的受害者都提到，曾见到学生模样的人在校园里散发各种名义的调查表，说是勤工俭学，替某专业调查公司发的，希望大家帮忙。每份问卷最下面都有姓名、年级、学校、专业、手机和宿舍电话等空白栏要求被调查者填写。殊不知这些发问卷的人就是S公司招募的兼职大学生，兼职所得采取计件薪酬制：每发300份有效问卷，每份可以获得0.35元的报酬，不写姓名、电话号码的问卷是无效问卷，不计酬。调查还披露，S公司还吩咐发放问卷的大学生，不得说是S公司组织的调查，问卷上也没有调查单位的名称；不得找大二大三学生调查，只能找大一学生发放问卷。

学校是个相对单纯稳定的“小社会”，真正的社会鱼龙混杂，仅仅是对个人信息的保护不当，就让不法分子有了可乘之机，足以让我们每个人深刻吸取教训。另外也说明我们的大学生权益保护意识还非常欠缺。案例中的多位当事人在事后上网查找相关消息后大吃一惊：原来怀疑自己上当被骗的不仅仅是一两个人，利用“谷歌”搜索到数万条和该公司相关的投诉信息，利用“百度”搜索到将近几十万条相关投诉信息！如此海量的网上投诉与谴责足以对一家公司的信誉度造成影响，让很多人得以确认其碰到了一家可以称其为“骗子”的公司。由此可见，及时向有经验的长辈、同学或专业人士进行请教，甚至自己依靠网络等技术手段，主动去挖掘寻求相关信息显得多么重要。我们常说“害人之心不可有，防人之心不可无”，尤其是在走向社会的过程中，如果能够提前查询相关信息，做到预防在先，更能够从根本上避免后面遭受的巨大损失或让自己免于身陷麻烦的境地。

二、多听意见，谨慎决策

大一新生虽然多数已年满 18 周岁，根据《民法通则》第十一条的规定，已是成年人，具有完全民事行为能力，可以独立进行民事活动，不再需要父母监护，但现实是绝大多数人要靠父母供养才能完成学业，经济上并没有独立，进行大额消费或支出时征求父母的意见是对父母的必要尊重。大额消费或支出要事先告知父母，征求其意见后再做决定，这样可以减少上当受骗的机会。

《最高人民法院关于适用〈中华人民共和国婚姻法〉若干问题的解释（一）》第二十条规定，父母对已成年的在校读大学的子女没有抚养义务。但是由于传统原因，多数父母并不把这个法条当回事，依然无私地资助自己的孩子读大学，与欧美的大学生主要靠贷款或打工挣钱完成自己学业形成鲜明对比。希望中国的父母能让孩子早点树立经济独立意识，在把孩子送到大学后不要一次给予太多的钱，最好按月给付，这样可以时时提醒他们检视自己的开销是否合理，让孩子的消费用度更能具有规划性，不给“消费冲动”或校外诈骗行为可乘之机，同时也是给他们一定的经济压力，也许能令其在支出的时候多一份谨慎和责任。

学长、辅导员以及其他任课教师的意见也是很宝贵的。从我接触的学生及记者的调查来看，没有一个学生是主动交钱的，都是在S公司经历了长时间的“头脑风暴”，被培训老师拖着不放，在其一再催促下，为了及早脱身才交的钱。从这些同学一回来就反悔可以看出，交钱并不是其真实意愿，在心理上有极大的不情愿，很多学生回到寝室和同学一说，都立刻有受骗上当的感觉。具体来说，该类公司利用大学新生社会经验的缺乏，采取数小时一对一的洗脑式训导，意在弱化这些孩子的防范意识，让其在头脑不清醒的情况下迷迷糊糊签订协议。在这种情况下，如果该学生意识到做出重大决策前，必须要征求同学或父母建议或者信任学校老师主动咨询，都能够让自己及时地清醒起来，避免上当受骗。

三、冷静应对，化解纠纷

曾有同学咨询过这么一件事，说收到一短信称其在某商场通过建行卡消费6000元，如有疑问请电话咨询某号码，或与银联中心联系，电话号码为××××××××。这个同学心里不安，马上就按对方给的号码打过去询问，对方要求其把银行卡号和密码报出来，以便查对核实。这个时候他回忆自己从来没有在该商场消费过，同时又十分担心自己的银行卡是否出现什么问题，于是找老师咨询。其实单从学生的描述看就能断定这是条诈骗短信，根本没必要打电话过去核实，不然可能一不小心就掉陷阱里了。再看发送短信的号码是普通的11位数，并不是银行业常见的以9打头的5位数服务类号码，这就可以进一步确认是诈骗短信，如果电话报警，或者通过银行卡背后的正规客服咨询电话，很容易查证戳穿该诈骗信息的卑劣谎言。

所以说，遇事冷静沉着，不轻举妄动才能谨慎地做出判断，选择下一步的行动策略。前面的案例中也有其他学生反映，曾每天被迫接听S公司发来的数十个催款来电，已经严重影响到自己的学习和生活，不知该怎么办？对付密集的电话营销活动有两个选择：一是直接拒绝。如果不会拒绝或者不好意思拒绝，那么还可以向公安机关投诉。《中华人民共和国治安管理处罚法》第四十二条第一款第五项规定，多次发送淫秽、侮辱、恐吓或者其他信息，干扰他人正常生活的，处五日以下拘留或者五百元以下罚款；情节较重的，处五日以上十日以下拘留，可以并处五百元以下罚款。这里所谓的“其他信息”就包括骚扰电话。在这种情况下，就要做好取证工作，可以将营销公司的电话录音留存，并将电话号码报给警方要求查处。最好把报警的信息也一并传达给营销公司，使其受到震慑，不敢继续

打骚扰电话。以营利为目的大量套取公民个人信息已经涉嫌侵犯隐私权，情节严重的，还可能构成非法获取公民个人信息罪（《刑法修正案（七)》，第253条)。

需要沉着冷静的不仅仅是学生，几年之前我们频频发现学生家长上当受骗的情况。比如犯罪分子利用非法收集的个人信息资料，先频繁打电话骚扰致使同学的手机不得不暂时关机，然后迅速打电话给其父母谎称孩子出了交通事故，急需垫付医疗费用等，虽然骗术并不高明，但有些家长在平时忽视了和学校的联系沟通，在发现孩子手机无法通话的时候也没有进一步核实真实情况，“救子心切”的结果即遭受重大的经济损失。

四、学习法律常识，明确权利责任

学习法律常识，增强自我保护能力，脑中有法律，就不必惧怕所谓“合同”或“律师函”的威胁，反而可以通过这些文件保护自身的权益不受侵害。法律与生活密不可分，方方面面都可能用到，比如，大学生喜欢到户外探险，张罗这样的活动往往是通过网络论坛完成的，版主牵头在网上邀约，驴友附议，事就这样成了。但是，同学们谈得最多的是到哪儿去，怎么去，准备什么物品，忽视了遇到危险怎么处理。其实这也是一个法律问题。如果在探险途中出了事故，有人受伤甚或死亡，谁来担责？事先不考虑，事后再处理是很被动的一件事情。在选择驴友同行时，如果有未成年人，一定要征得其监护人的同意并得到责任豁免的承诺，且形成书面或电子形式的承诺。

那么回到上述的诈骗嫌疑案例中，退课是否需要支付那么高的违约金呢？这个问题跟第三个问题其实都有一个前提：那就是合同是否成立？如果合同不成立，自然就不存在违约的问题。判断合同是否成立的标准首先是有无合同存在？鉴于“课程申请表”是公司单方面拟定的格式文体，当双方对课表是否构成合同在理解上有争议时，应当首先按照通常标准进行解释，即课表在大学生群体中的通常认知来解释，不能按通常标准解释的，也要按照不利于提供格式文本一方的标准解释，即按照不利于公司一方的标准解释，而不是相反。因此，根据《合同法》原理，无论是按照通常解释还是不利解释，“课程申请表”都不能构成合同，学生在课表上签字时并没有订立合同的意思表示，以为就是个普通的课表，跟他们在学校见到的课表无异，自然在学生退课时不能认定构成违约。所有学生均反映，在签字时只知道是张课程申请表，根本没注意其中的违约条款。我看了某个学生提供的S公司的所谓“课表”，它是一份包括课程内容申请栏与双方权利义务内容的“服务协议书”，双面印刷，给学生看的时候，是课表，没有告知有其他内容，很多同学忽视了背面；当初填写的时候也权当课程申请，因为S公司的培训老师催得很紧，心想先填上再说，回去若不想参加就不来了。根本没想到这是一纸合同，会受其制约。如果该公司在拿出课程申请表时明确表示这是合同，提醒学生签字时要慎重，一旦签字，退课就属于违约，要承担30%的违约金责任，我想没有几个学生会把自己的大名署上去。也就是说，在“课程申请表”是否构成一纸合同的问题上，公司的理解与学生的理解出现了偏差。

我曾问一个学生：S公司给你们这份“服务协议书”的时候有没有提醒过你们其中的权利义务？比如退费构成违

约，要支付30%的违约金？她说没有，培训老师只是催她填写申请的培训套餐。她以为填完就可以走了，没想到一填好就被要求付费，当时心里咯噔一下，因为是在公司里，不交钱好像走不掉，公司员工和“谈心”的老师盯着你、催着你把钱留下，当时因为胆小怕事，就把钱交了。对于交钱的情节，很多学生是这样形容的，当时填课表的时候根本没有想到要马上、立刻交钱，而对方却逼得很紧：为了从其身上拿到钱，无所不用其极：身上带多少钱，根据套餐的差价，能让你掏多少钱；身上没带钱，会撺掇你向同行的同学借钱；如果一个人去，会让你打电话问家里要钱，并催着你当面把电话打完；如果你说家里也没钱，会提醒你用信用卡透支，甚至给你办好信用卡；如果你说钱放在学校里，会提供贴身服务，跟着你到学校把钱取出来交上才罢休……一个学生说，感觉他们就是为了钱。

退一步说，即便该“合同”是成立的，公司单方面所约定的30%的违约金也不能得到支持。《最高人民法院关于适用〈中华人民共和国合同法〉若干问题的解释（二）》（2009）第二十九条规定：当事人主张约定的违约金过高请

求予以适当减少的，人民法院应当以实际损失为基础，兼顾合同的履行情况、当事人的过错程度以及预期利益等综合因素，根据公平原则和诚实信用原则予以衡量，并作出裁决。当事人约定的违约金超过造成损失的百分之三十的，一般可以认定为合同法第一百一十四条第二款规定的“过分高于造成的损失”。根据该司法解释，S公司在格式文本中约定的30%的违约金若超过其损失的30%，则可认定其约定违约金过分高于造成的损失，学生可以此为由向法院主张适当减少。并且，司法解释规定，应以实际损失为基础，兼顾合同的履行情况、当事人过错及预期利益等因素，根据公平和诚实信用原则综合衡量“损失赔偿”。我们看S公司的实际损失，所谓实际损失是指因对方违约所造成的直接损失，比如为签署合同所花费的成本，包括人力、通讯费用等。在本案中，S公司为了诱使学生购买它的教育培训服务，采取雇佣大学生兼职做调查的手段获取大学新生的个人信息，利用这些信息向其实施电话营销，又以免费为由钓大学生到其办公地点接受洗脑，这些策划确实都需要成本，但不是正当成本。根据民事诉讼法“谁主张谁举证”的证据规则，S公司必须拿出证据来证明己方的“实际损失”，不但如此，还要证明合同的履行情况、学生的过错程度。光拿一个预期利益（培训套餐总额）做基数计算违约金是没有法律依据的，遑论其在诱惑学生签字时是否符合诚实信用原则，索赔高额违约金是否符合公平原则。

通过网络检索S公司的信息，发现其营销足迹遍及全国很多高校，杭州几所知名大学无一幸免，而且营销对象基本都是大一新生。虽遭多次投诉，报纸、电视也时有曝光，但似乎未影响其业务活动，秋季大学纳新之时，他们又像蜂蝶一样扑向这些幼稚的花朵。所以，借此机会有必要给各位家长和孩子提示：

1. 所有向学生兜售其教育培训服务的公司大多情况均以营利为最终目的，不论其营销广告如何巧妙，赚钱是其最终诉求，免费服务都是幌子，大学生千万不要轻信天上会掉馅饼。

2. 对承诺几小时、几天、几个月就能轻松提高你的某项能力的培训服务要保持警惕，希望短时速成是多数人学习技能的普遍心理，营销公司正是抓住这一点大做文章。事实上，没有什么灵丹妙药能够让人在短时间内提升能力，在校期间扎扎实实、辛苦锤炼本领才是王道。

3. 学会利用网络手段和法律常识辨别信息。对各种营销行为如此，对陌生短信亦是如此。要懂得保护个人隐私信息的重要性。

4. 注意保护自己的私人信息，不轻易向陌生人透露自己的手机号码、身份证号码，让骗子无机可乘。学校也是社会的一部分，孩子要慢慢成长起来，了解社会的复杂性，随着阅历的增加，他/她们自己会悟出：形成一定的风险防范意识是生存所必需的。

适度看待专业选择　认真完成社会化前期的各项准备

黄任群

大学生不仅要掌握已有的学业知识，更重要的是不断积累和摸索自我学习的能力，即“学会如何学习”——学会如何高效地随时地取得、了解和掌握更新的知识的能力。正如李开复先生所言：“科技的发展可谓日新月异。在校学习的目的，其实就是掌握最基本的学习工具和方法。将来利用这些工具和方法，再去学习新的东西。比如：上课学会了C＋＋，能否自己学会Java……与其说上大学是为了学一门专业，不如说是为了学会如何学习，让自己能够‘无师自通’。”这就表明，以当今科技的发展速度，大学如果仅传授知识，学生毕业后依然将面临许多不了解的新知识、新概念，学会学习，就拥有了不断更新自身知识的能力，才能适应社会的发展。

许多中学毕业生与家长在面临“读大学”时，就面对选择什么样的专业这一难题。这一方面由于大学的专业纷繁复杂；另一方面由于人们通常认为，选择了某一专业将来就要吃“这碗饭”，而现在就业形势不乐观，所以选专业马虎不得。的确，学生进了大学，面对浩如烟海的知识和千差万别的技能，只能择其一而学。此时，无论是家长还是学生本人，都感到对各类专业了解的匮乏及自身知识结构的不足，而大学却依然与时俱进地不断调整专业设置，使得不少家长与学生在选专业时，难免一知半解、望文生义，甚至“随大流”，最终造成不少学生不满意选择的专业，不安心学习，进而影响未来的发展等情况。因而，如何结合自身实际做出合理的专业选择，值得学生深入思考，作为家长如果要在这个过程中提出一些建设性的意见供孩子参考，也要对于大学专业确认过程乃至孩子未来职业道路的规划有一个基本的宏观认识，否则很容易误导孩子甚至追悔莫及。

案例1　陈某某，男，高分考入浙江大学，被选拔进竺可桢学院精英班，在头两年的大类通识教育和精英培养过程中，积极参加与学生成长相关的各项培训及社团活动，后主动确认到能源工程专业，现已赴北美高校继续学业。

对于能在竺可桢学院学习的优秀学生，在确认专业时多会较倾向于选择与电子、控制相关专业。对于他的专业选择意愿，辅导员老师当时与其进行了深入的交流。他表示，首先，自己在高中阶段已经对世界能源危机问题非常感兴趣，并初步学习了可再生能源与清洁能源的相关基础知识。在高考填报志愿时，他已经倾向于从事能源方面的研究，其父母也尊重并支持他的选择。其次，在高考填报大学时，他已经通过网络及其他渠道，比较了国内与我校实力相当的各高校在能源领域的情况，感到我校的师资力量较强，研究方向也较感兴趣，故决定报考我校。第三，在上大学后，前两年参加的各项活动使他交到了一批来自各个专业的好朋友，对各专业有了一定的了解；同时，他也主动找过能源专业方向的院士和知名教授，他们在为人和治学方面都是他的榜样，也促使他更加了解要具备怎样的品质与才学方能成为科学家，以及这一领域的专家、学者正在关注什么。这些准备一步步地促使其明确了他的人生目标，拟定了人生规划，最终促使他做出决定。事实也充分证明，他的选择不是盲目的，而是逐步的、有的放矢的，事实证明也是非常正确的。

从这一案例可以看到，成功的大学教育对学生来说不仅仅是传授知识，更是赋予能力。比如要学生在选专业时，不断考察该专业的知识结构是否能够引起自己深入学习的兴趣，该专业是否有一个研究方向令你充满兴趣，该专业的老师们是否长期从事该领域的科研工作。因为只有这样，才能不断促使你全身心投入专业学习，进而培养自己的学习能力。等待或依赖于别人的指导是不行的，一定要自己积极主动地去寻求答案，否则很多大学生非常容易把大学当作“高四”来读，那么最终对自身的成长与规划非常不利。

能力可分为两个主要方面，一是为人处世的能力，二是自我学习的能力。大学生要具备为人处世的能力，就是在大学要学会做人。如案例中的陈同学，他广交良师益友，向他们学习的不仅仅是学问，更多的是做事的态度、处理问题的方法。诚然，在中小学成长阶段，都有社会道德教育，但学生的日常行为规范还是时时受到家长与老师的关注与纠正，没有独立的个体自由发挥的空间。而大学是学生自我独立管理的开始，也是初步面向社会的开端。一些学生在入学时光芒四射，但在大学自由的环境中，不知不觉就暴露出懒散、自私、气量狭小等缺点，这不仅影响了学生的成长，也会造成学生对社会认识的偏差，如果再因一些不良社会环境的强化，将对学生的未来发展造成长期的不良影响。学生选择专业的过程，就是一个自我学习的过程。一个学生要花精力和时间去考察该专业、该学科对于自己的未来成长的影响，不断挖掘那些优秀的教师、学长乃至学术团队；同时分析审视自我，对自己的兴趣爱好和一些天赋特长予以鉴定，要把学业和自己未来的职业规划不断契合起来。

一些同学会说，我没有案例中这位陈同学这样自主性强，我高中阶段仅是忙着抓自己的成绩了，也没有什么特别的爱好，现在该怎么办呢？其实，正因为不少大学生有这样的情况，现在有不少高校推行“大类招生”。所谓“大类招生”，就是高校将相近专业按学科大类进行整合，打通一、二年级基础课程培养模式，让学生在高考选拔时只需选择学科方向，入学后一两年内，依据自身学习情况及对各专业的了解，自主确认主修专业，希望这样能使同学们的专业选择更合理。然而，事实证明，大多数学生拥有了专业选择的自主权，却不会正确使用。让我们再来看另一个案例：

案例 2　李某某，大一期末确认到会计学专业后，老师发现她经常旷课，对学业的态度很不积极，成绩中等，常去到图书馆看一些休闲类书籍。老师和她谈话收效甚微。在与她的父母电话沟通后，知道她的父亲任企业财务主管，母亲在税务部门工作，从小就对孩子反复强化相关职业规划，可能引发孩子的抵触情绪。她是在父母的压力下选择会计学专业，此前执意要选择艺术设计专业，被父母严厉训斥过。

这是一个家庭影响大学生专业选择的案例，这一选择出现了负面的影响。在选专业过程中，不少学生反映，自己会习惯性地征求父母的意见，甚至将专业选择权扔回到父母手中。而父母在选择时，考虑更多的是孩子未来的职业，即吃“哪碗饭”的问题，同时对孩子的能力也有一定的高估，使选择的结果往往呈现追随“热门”专业的情况。还有一些父母会将他们没有完成的心愿作为子女的选择，或将他们“力所能及”的行业作为子女的选择。他们没有考虑到时代的变迁，或者没有意识到要将孩子最优秀的一面发挥出来。这样的选择，虽然源自对孩子的关怀，但由于不了解孩子的理想与心理需求，往往容易造成孩子今后由于意外的挫折而造成心理障碍，或是在未来的社会适应方面遭遇挫折。

很多专业选择都源于社会某个阶段宏观环境的影响，目前社会上即有一种追求速成的浮躁风气不断蔓延，许多大学生梦想在毕业后就立即成为“成功人士”，那些与最“朝阳”、最“暴利”、最“有权”的就业岗位相关的专业就成为追逐的目标。事实上，没有一个专业可以使其毕业生直接成为高端人士，无论谁都需要一个长期的积累和学习的过程。甚至有些家长早早地在学生进入大学之前就期待其以后成为一名“公务员”抱上“铁饭碗”，最终忽视了大学本身是个挖掘和积累的过程，对孩子开阔视野、提升才干、丰富兴趣、拓展人际都是非常不利的。

以上两个案例的分析，使我们从正反两个方面了解了大学生选择专业面临的困境，应该如何合理选择专业呢？我们提出以下建议：

第一，认真做好专业选择前的准备工作，不要对父母或某个同学、老师有过多依赖。当前，“大类招生”政策的推行及转专业政策的日渐宽松使大学生有更多的时间与机会进行选择。大学有很多资源，学生在入学时就要开始努力学会应用，找到选择某专业的合理依据。一是各专业的培养方案是学生了解专业实质的重要途径，无论专业名称如何更改，专业的实质在培养方案中将展现无余。二是自己要主动与高年级的学长和老师接触或进行人际互动，努力了解到各专业学术和就业氛围相关情况。三是通过修读基础课程、参与专业讲座等形式，了解专业对自身知识结构的要求，明确专业的发展方向，从而对专业认识更加明晰。

第二，客观分析自己，积极进行人际沟通。大学生要正视自己社会经验不足等问题，在收集、了解各专业的基础上，认真分析自己的个性特点，客观分析父母、朋友的意见与建议，做出合适的选择。对个人的主观兴趣和个人能力的特长要综合评估，有一些同学盲目地看重某个竞赛成绩的优劣，对自己进一步接受专业引导信息造成误导。而相反另外一些同学则盲目跟随潮流，轻易地就放弃了自己多年十分投入兴趣方向，选择了一个“大家都羡慕的”自己却没有任何兴致的方向。为了避免这种“短视”情况的出现，很多同学积极参与社团活动，通过实践中的交流和实践，充分了解自我能力潜力上的优势劣势；通过和父母、和同学以及更多老师的交流，获得更为全面的信息而不断调整自我定位。

最后，要充分把握学校相关政策，有承担责任的勇气。由于信息的不对称及心理的不成熟，一些选择必然会存在失误。对于遇到的弯路，要有正确应对的心态。在做选择的同时，要考虑到万一选错，有哪些合理的退出机制。是需要通过修读第二学位来弥补，还是有可以达到的转专业政策支持，或是要毕业后通过考研等途径来调整。对遇到的最坏结果有充分准备，才不会再出现选择失误时沉沦。同时，本科专业并不能决定一个人的未来职业，要始终做好继续学习、终身学习的打算。只要“学会学习”，在未来的发展中还有很多机会成就自己的理想。

参考文献：

[1]给中国学生的第一封信——从诚信谈起.李开复.我学网.

[2]给中国学生的第一封信——从优秀到卓越.李开复.我学网.

[3]给中国学生的第一封信——成功、自信、快乐.李开复.我学网.

[4]给中国学生的第一封信——大学四年应该这么度过.李开复.我学网.

将选专业决定权交给孩子，家长收获的不仅仅是省心

王万成

在高考填报志愿的时候，同学们面对眼花缭乱的专业会感觉到选择的困难。同学们在选择专业的时候，离大学比较遥远，有相当的盲目性，不了解大学的学科设置，对自己将来究竟选择什么样的职业发展方向，还没有成熟的想法。根据有关方面调查，目前70%以上的高考生都没有明确的专业目标方向。同时，对于高等教育而言，我国早已从精英化教育转变成大众化教育，高校（本科阶段）也已从培养科学家、工程师转变为培养普通劳动者。因此，国内很多著名高校都在将专业培养模式逐步改变为“大类培养”模式。所谓按大类培养，就是从传统的以单一学科背景下的“专业对口”培养为主，转变到综合学科背景下的通识教育基础上的宽口径专业教育，培养宽口径、厚基础、具有自主学习能力的高素质创造性人才。了解大学、了解自己就需要时间和实践探索过程，进入大学以后，应让学生有更充分的感受，边学习、边选择，合理选择自己的职业发展方向。

这是浙大实施大类培养改革以来，大一、大二学生为确认主修专业而时常会碰到的问题。浙大大类招生与培养

的本科教育教学改革走在了国内高校的前列，一些家长与学生无法正确且深刻地认识到大类培养教育的优势所在，还只单纯地停留在传统的专业选择与稳定的就业着落上，对学生学业、能力等综合素质的发展还欠缺长远的规划与周密的考虑，在围绕学生的自我兴趣与主修专业、个体成长与学校发展、在校学习与未来成才关系方面还存在理解上的偏差与认识上的误区。从高中到大学，从依附到独立，从被管理到自主管理，从听从执行到选择决定，在充分尊重个体与差异的大学校园，很多学生在无法决断中随波逐流，在毫无规划中浑浑噩噩，甚至是无所适从。

一、充分尊重孩子的专业兴趣

曾经有一位教育学者在某次高三学生家长座谈会上这样提问过："作为一名家长来说，你们有没有询问过自己孩子这样一个问题——你们快乐吗?"很多家长习惯评价孩子，好坏的标准往往是学业优劣，或者把自己的孩子用来同其他孩子反复比较以期望给其成长的压力，但是从未关注过孩子本身的志趣，从来没有和孩子分享过他们眼中充满成就感的事物。是生怕占据了这些孩子们的学习时间么?通常在父母眼中，和学习成绩相比，兴趣只是一种学业生活的调剂方式。当孩子进入大学之后，依照同样的思考模式：和就业相比专业也仅仅是一块养家糊口的敲门砖。所以在专业选择的考量指标上家长的目光更多关注的是职业的社会地位、就业薪资水平。比如某父母反复劝导孩子努力选择某些工科专业，从前在家长长期"过滤性的目光"关注下从来不知道孩子有何种志趣，甚至一直到我和家长面谈的时候他们才了解孩子在高中时期即开始给报纸杂志投稿撰写大量文章，从很早开始就非常想从事记者这个职业。

在不同的家庭氛围中，家长对于学生自我兴趣的关注度有非常大的差异。一些家长来到学校走访，可能发现短短几个月的时间班主任老师或者辅导员们对其孩子的了解远远超过他们十几年的观察。孩子在无法全面认识到自我、了解到自我的兴趣、进行自我的评价和规划宏观的时候，也非常有可能选择相信父母，依赖于父母的判断。所以很多事情表面上是孩子对于父母们的“信任”，实际上，经过多年的观察总结，在老师们的眼中，这样的孩子，对于自我认知程度往往偏低，自我规划能力往往不足，更容易在一个开放式的大学生活氛围中茫然无措。当然，社会调研研究也表明家庭背景对于子女的成长的确有很大影响，在社会学研究中我们称之为“代际继承”。父母学历和职业尤其是父亲所从事的职业，是影响子女教育选择的重要因素。比如，在一个医生世家中，父母和所有的亲戚都从事医疗事业，孩子在从小成长过程中，知识面就受到较多的医学方面的引导和影响，长大后很可能立志成为一名医生。这种“代际传递”在中国很明显，在全世界也普遍存在。但这种影响应该是潜移默化的而不是强制的命令式的。学校要倡导由学生的兴趣来决定个体的发展，充分给予学生兴趣发展的和发展舞台。家长应在充分尊重孩子的专业兴趣的前提下，支持孩子的选择并给予积极引导与鼓励，而不是在千里之外“遥控指挥”，根据一大堆“专业名称名词”为孩子出谋划策。

二、理性对待冷热专业的选择

就目前社会发展来看，的确某些用人单位对专业背景有限制，专业选择是学生走出校门、步入社会、寻求就业岗位的关卡之一。家长们对孩子现在选择专业及未来从事职业越来越重视。根据现阶段市场的用人需求与传统的就业倾向，一些专业方向受关注和认可度非常高，比如经济、金融等，而另外一些专业如海洋技术、地质勘测等被视为冷门方向。那么究竟如何解读专业的“冷热”之分呢？

首先，从外部环境上来看，“专业冷热”的标准难于统一。我们衡量一个学科优劣，一般是需要多方面的评价指标，比如专业师资能力、学科发展前景、相关产业规模和国际化程度等。比如有的学科在国内社会经济建设过程中非常抢眼，但是国际化程度不够，未来在科研方面将难于得到更进一步的深造机会；有的学科方向未来前景不错，但就目前来看学科建设的起步较晚，就业市场容量有限；有的学科师资配备非常雄厚，学科排名首屈一指，但需要厚积薄发，不可能短期内获得专业地位的认可。因此，很多学生或学生家长在缺乏足够信息的情况下，单凭就业市场中不同专业的表象来辨别整个专业的冷热程度，是非常武断和盲目的。

其次，从高端人才培养模式上来看，重点大学培养过程始终注重对人才全面能力的综合塑造和个性引导，它并不是以“职业技术”为核心导向。个别家长总会隐约有这样的担心：自己孩子如果未来连那些职业技能培养学校的学生都竞争不过该如何？事实证明，很多经过大学四年培养出来的本科生其实践操作能力的确不如大专学生。但是，家长们忽视了这样一个事实，所谓的“实践操作能力”是可以通过反复练习和经验积累迅速提升的，而一个人对于学科相关信息的研判能力、基于学科背景的创造性思考能力以及广泛的再学习能力，才决定了一个人在职业市场上的真正价值，很多重点高校的大学毕业生在就业后的十年内成长非常迅速，以致逐步成为用人单位的核心骨干，也是“后发先至”的绝好证明。

与其替孩子对专业选择与职业规划下赌设注，不如指导其用更为理性的眼光来分析自己的偏好，分析每一个专业的特色之处，这种捕捉筛选专业信息、反复进行分析比较的过程，本身即在促进学生的独立思考。据近日在上海开展的一项调查显示，有半数以上的大学生毕业后去了非所学专业的工作岗位。一方面说明，专业局限对就业的影响在日趋降低；另一方面说明，职业发展与职业成长是一个伴随终生的课题，无论选择任何专业的学生，都需要全面提升、学有所长，才能在未来的职业选择中时刻领先一步。大学教育提供的不仅仅是对现有知识的传播，更重要的是教会学生学习的方法，这样未来的毕业生们才能不断适应社会的变化和发展。

案例　王某，男，独生子女，大一学生，据老师与同学反映该生学业成绩一般，但具有钻研精神，对自己感兴趣的东西会深入钻研。在确认主修专业时，父母希望他能学习建筑专业，将来也可以帮助父母料理公司业务（私营），而他并不喜欢这个专业，而且该专业竞争压力很大，他想进一个父母认为很“冷门”的环境资源专业。为此他在专业确认中承受较大的心理压力，和父母在电话中激烈冲突了好几次，自己非常苦恼，父母也很苦恼。

经过老师谈话，在了解其家庭必要信息后，给其父母作出如下建议：

1. 充分了解孩子的兴趣方向，通过相互交流寻找并分析促成其进行专业选择的影响因素。个别孩子在低年级阶段接受信息有限，信息分析能力较弱，可能只是由于听了某一场报告会就对某方面兴趣盎然，志趣方向不稳定，选择较为盲目。

2. 例举其从小受到的家庭氛围熏陶，可以和孩子分享父母长期的亲身的职业经验体会，对于孩子的选择不能毫不过问，更不能强迫孩子接受父母的建议。

3. 让孩子为自己的选择去思考决策，切忌不能过多干涉乃至引发孩子的逆反心理。

择准专业　展翼未来

——从“专业引导”思考大学生家庭教育的智慧

郑玲玲

“选择专业就是选择未来的你”。如何选择专业已经成为一个摆在广大学生家长面前很现实的问题，因为关乎将来能否成功就业或开创事业，不少同学甚至将其视为人生的“第二次高考”。相比专业教育，通识教育背景下，大类招生、大类培养的教育模式赋予学生很强的专业选择自主性，让学生利用1～2年的时间探索适合自身特点和社会需求的学科，更加理性地找到与自我人格类型相适配的专业。但这无疑对当下大学生做好自我认识与定位、学业规划与专业确认等工作提出了更高标准的要求与考验。如何在新形势下，指引大学生顺利走出专业选择的迷茫期和困惑期，家庭教育将起到不可替代的作用。

您可曾关注过：您的孩子在大学是否出现以下症状？

大学或许并不像传说中那么美好，思想无忌、任由翱翔。当孩子们来到崭新的环境后，他们会发现再没有人像上高中时那样时刻“管束”自己：家长因离得太远、鞭长莫及；专业老师只负责教学课程、不再日日陪同晚自习；完全学分制选课下，同班不同课、同学不同窗，集体的凝聚力和归属感稍稍减弱，专业兴趣知识沟通交流的平台也失去天然保障。或许很多时候，我们的家长只关注到大类培养模式能够让孩子们有充分的自由去涉猎不同领域的知识，拥有一个色彩缤纷的大学生活，而往往忽视了他们也因此很容易迷失方向，面对诸多的诱惑和抉择，成功与喜悦、孤单与无助总是相伴相随。

面对专业选择，多数同学在大类培养一年后都能对自身的兴趣和能力有准确的估量和把握，但仍有部分同学由于失去高考的高压或鞭策，对学习没有方向感，失去动力，无所适从。他们中有些为了追求高绩点、为了进入热门专业，疯狂地学习，继续所谓的“高四”生活，每一天都如临大敌；有些因专业导向不明，朝秦暮楚，一天一个主意，在多选择的困境中身心疲惫；而有些学习方法不得当，无法顺利从“填鸭式”学习到自主式学习转变，对自己的学业规划和人生走向感到迷惘，渐渐地，学习成为一种敷衍、被动的活动。

尽管大类培养给予孩子们的自由程度相当之高，为同学们提供了很多接触专业、体验专业的平台，如“专业开放日”、“学海导航”等，但一年的时间很短，切莫将这一年当成是从高中生活到大学生活，甚至是专业选择的“缓冲期”，做一天和尚撞一天钟。新的教育背景下，家庭教育的艺术在很大程度上将引导甚至影响孩子们全新的未来。

本书希望通过以下两个相关案例的分析，让家长们对大学阶段家庭教育一些原则有所了解，及时关注和防范大学生成长中可能出现的问题，帮助我们进一步巩固家庭教育，为孩子们打造一个坚实的后盾。

案例 1　李某，19 岁，大一男生，一直面临着专业抉择的困扰。在家是独生子女的他，每每要作决定时，父母总是多加干涉。就专业确认来看，作为公务员的父亲希望他选择金融专业，因为经济类专业近年来广受舆论热捧。母亲则希望他选法学，和家里的表姐一样成为一名优秀的律师。而他本人却非常喜欢建筑工程专业。至此，他的选择一直遭到父母的强烈反对，父母认为，选专业这种关乎人生的重大抉择一定要听父母的，绝不可儿戏。郁郁寡欢的李某在进入大学后，一直为这件事烦恼，对于学习也丧失了热情。

从李某的案例不难看出，在对孩子的专业引导过程中，家庭教育很容易出现以下几个问题：

1. 家长代替孩子选专业，一手包办，而忽略孩子个人的兴趣和选择。在面临专业选择的问题的时候，最值得关注的应该是学生个人的性格特点和兴趣专长，而不是一味地受社会舆论的影响，选择不适合个人发展的专业。个人的成长有其自身规律，家长的一厢情愿与全权包办，更多的情况下既束缚了学生的发展空间，又打压了学生的学习兴趣。其实，如果能引导大学新生认识自身的个性特征，发掘自我潜力，那么个人价值才能得到真正的体现。

2. 家长管得太多，孩子的逆反心理和消极情绪也更严重。步入大学之后，除了培养学习能力、人际交往能力等素质以外，更重要的应该是培养孩子的主观判断能力。很多时候，家长总是认为孩子还未长大，人生阅历不够丰富，所以总是用过多的管教去束缚他们，为他们规划好人生轨迹。适得其反，在逆反心理的作用下，孩子们往往会不由自主地选择消极地面对大学生活，蹉跎光阴，碌碌无为。

3. 家长对孩子总是提出过高要求，让孩子背负巨大压力迈入大学。正如李某的父母，总是以别人优秀的成长个例作为教材，以高要求严标准去衡量李某，甚至希望李某沿着优秀表姐的成长轨迹去选择相同的专业。孩子想要走自己喜欢的人生之路，而父母却不肯放手，这个时候专业选择的问题就成为父母与孩子之间的矛盾焦点，成为两者情感的主要障碍。而背负着父母过高的期望，迈入大学的孩子们自然无法张开翅膀，自由地飞翔。

案例2　陈某，女，20岁，就读金融专业，经过一年的学习，发现自己喜欢学术研究，因而想通过大类培养平台选择更适合自己的历史专业。身边的人纷纷质疑她的选择。陷入困惑的陈某选择和父母商量，出乎她意料的是，父母非常支持，认为只要找到自己感兴趣且有能力做好的发展方向，不应该受舆论的左右。得到了父母的支持，陈某顺利地确认了历史专业，并成为该专业的佼佼者。

而陈某的成功经历也告诉我们：

1. 家长要引导大学生学会根据自身特性，树立正确的人生目标，并合理制定学业规划。在大学阶段，专业确认问题更多地表现为学业规划问题。因此要学会发掘自己身上的优点，看清适合自己的发展之路，让自身发展建立在完整的、正确的学业规划上，然后理性地选择专业，并为未来的职业生涯设计打好基础。主动并合理规划学业不仅仅是成功的第一步，也是大学生主动迎接人生新阶段的新起点。迈开这一步，需要大学生自己树立鲜明的目标，还需要来自父母亲的鼓励与支持。

2. 当大学新生面临抉择的时候，家长的指导和鼓励往往是最有用的镇定剂。面对日益严峻的就业形势和社会竞争，在专业选择上，人们很容易受社会舆论的驱动，一窝蜂地挤入热门专业，不顾自己是否适合，是否感兴趣，单方面地走上错误的发展之路。毕竟“热门专业”具有很强的时效性和相对性，并不等同于最适合自己的专业。这个时候，家长们根据人生阅历给予孩子理性的指导与建议，并做孩子坚强的后盾，将赋予孩子无穷的动力，让前进过程中的孩子能不断地汲取到勇往直前的动力，坚定地去面对自己的选择。

3. 人生有舍有得，父母更应该告诉孩子们什么是值得去坚守的，什么是值得放弃的。作为大学新人类，迈入高校的时候，很多观念会随着认识的加深而改变，在大学里每天都可能应对新的挑战、新的变故。所以对于大学生来

说，最重要的是学会适当挑战、及时摆正心态去面对改变。作为家长，更应该把正确的得失观念传递给孩子们，让孩子们能时刻保持清醒的认识，能对自己作出正确的评价。

作为家长，应该如何带领孩子走出专业选择的迷惘？如何使新生学业规划与指导更行之有效？

1. 首先，家长应该认识到，当孩子走过高考，成为一名合格的大学生后，家长的角色与职能也应该转变。

并不是将孩子送入大学之后，就可以松一口气，卸下对孩子的高度关注。事实上，在大类培养模式下，对专业的困惑、对人生的迷惘往往是这个阶段学生最容易产生的问题。而宽松自由的学习环境往往也让学生们更容易产生懈怠心理。所以，大学阶段对于孩子们的自我判断、自我抉择的标准更严，对家长们的教育要求也更高。新生家长们也应该实现心态的调整与转化，多关心孩子，多与孩子沟通，及时发现问题，让孩子能平顺地度过迷茫阶段，明确自己的发展方向，作出正确的学业规划。同时，家长也应当及时地发现孩子们对专业选择的困惑，而不是把孩子全权托付给学校而置之不问。在大学生家庭教育这块工作中，家长们应该摆正姿态，主动参与到大学生成长过程中来，积极帮助孩子们走过人生关键的大学时代。

2. 适当的管理、合理的约束、有效的沟通以及正确的导航将是最有效的教育方法。

说到家长对孩子的管理与约束，其实最应该做到的就是学会收放自如，不应该让孩子们感觉到被忽视，或者受压迫。家长们要给孩子们适度的自由空间，培养孩子们的主观选择能力，让孩子们学会自我评价、自我认知。

而说到沟通与引导，远在异地的孩子们在面临学业规划、人生方向选择的重要抉择时，家长更应该清醒地意识到，除了舒缓孩子们的压力外，更应该给孩子们自己的建议和指导。毕竟家长的人生阅历远丰富于他们，家长的看法必然会对他们的选择造成印象。因而，家长不是把自己的主观臆断强加给孩子，而是让孩子学会树立正确的选择专业的观念和确立学业规划的意识；不是让孩子们被动地进行专业抉择，以致产生不良的逆反心理和消极情绪，而是根据家长的建议做出自主选择。

3. 一起走出误区，一起直面问题，一起规划未来。

在带领孩子们走出专业选择和学业规划的困境时，家长首先要引导孩子转变自己的观念，明确自己的学习目标和理想方向，最重要的是完成从高中到大学的学习习惯和生活习惯的转变，以便更好地适应大学生活。对于自身，家长要帮助孩子有清醒的认识和正确的定位，能够制定出行之有效的学业规划，为未来事业的发展打下坚实的基础。同时，在新生适应期中，孩子可能会面临种种意想不到的挫折，在这个时候，家长又必须让孩子学会调整自己的期望值，直面困难，勇于担当，然后以新的面貌和姿态迎接

下一个挑战。面对成功，我们在鼓励孩子的同时，有责任告诉孩子们成功背后所要付出的代价和将来可能要面临的责任；面对失败，帮助孩子从失败中获得经验教训。家庭教育的引导应该是一个循序渐进、持之以恒的过程，它应该在孩子们成长的每一个重要瞬间发挥它的作用，帮助孩子们在体验生活的过程中收获更多、感悟更多，让孩子们能意识到未来不是梦，只要能够脚踏实地去干，就能达成目标。

在通识教育的背景下，孩子们面临着更多的机遇、更多的选择，也面临着附带的更多的挑战与苦恼。但，迎难而上，我们相信在学校与家长的共同配合、共同教育下，大学新生能够作出正确的学业规划，为自己的人生选择正确且适应的道路。同时，在家长的陪伴与支持下，孩子们也必定能够以更健康、更积极的姿态去直面挑战、奋发图强，让大学生活的每一天都焕发活力、充满斗志，让自己在这段时间里努力成为一个符合时代和社会要求的全方面发展的人才。

参考文献：

[1]石函玉，魏卓，杨悦新等. 高校大类招生下学生专业选择的问题研究[J]. 科技信息，2009(25)：134，125.

[2]丁夕友，王逸鸣. 多学科背景下学生学业规划辅导研究[J]. 实践探索，2009(9)：21－24.

当代大学生家庭教育的职业观引导

佟　鑫

我们都知道，家庭教育是学校教育和社会教育的基础，对于孩子的成长成才具有至关重要的作用。也正因为您从小对孩子学业上的教育有方，才使您的孩子能够顺利进入大学深造。然而，家庭教育的内涵远不只是将孩子送入名牌大学这么简单。

生活中，大多数的家长都会重视子女早期教育及中小学时期的家庭教育，以引导子女顺利走上健康成长的道路。可是当子女作为成年人进入大学开始接受高等教育时，家庭教育就越来越成为教育中的一块空白。有些父母认为子女都成年了，没有必要再像以前那样管着孩子，对孩子的关注就少了。事实上，大学作为一生中知识储备、经验积累、人格成熟、能力锤炼的重要时期，一个大学生面临新鲜的人生经历和思考，处理人生中出现的各种关键性的矛盾和问题的时期，需要学生面临来自生活、学习、情感、人际交往、就业等各方面的压力。良好的家庭教育对大学生而言因其特殊的情感联系和专一性而显得更为重要。特别是对于日后将掌握他人珍贵生命的医学生，社会对他们的品德、学识与态度有着更高的要求，这也就对医学生的家庭教育提出了更高的要求。

除了诸多心理层次的教育以外，家庭教育在大学生职业观引导方面也起着至关重要的作用。职业观就是根据社会的发展及自身兴趣和需要而形成的关于职业目标、职业道德、职业评价、职业选择等方向比较稳定的基本看法和观点，是世界观、人生观、价值观在职业问题上的具体体现，和社会经济政治文化发展水平和个人价值取向有着密切联系。韩国劳动部委托现代民意调查机构曾经对1000名15至34岁的韩国人进行过一项调查，结果在问及能够对青少年时期职业观的形成产生最大影响的主要因素有哪些时，27.9%的人回答为“父母和家庭”，占最大比例，[1]这也从一个角度说明了家庭教育对于大学生职业观引导有着不可或缺的重大意义。很多医学生在谈到选择医学专业的原因时，也常常会提到来自家庭的影响。

一、职业是人生信仰的一部分

人生在世，必须明确自己活在世上的意义和目标，而你活着的意义和价值就是你的生命信仰。通俗一点说，生命信仰就是你对自己人生的看法。人生的目的绝不只是“活着”。现在，很多大学生并不清楚自己究竟要做什么？一方面是因为年轻人在自己今后到底要干什么，选择何种工作上很少花时间，另一方面就是没有确立自己的人生信仰。也就是说没有认真思考过自己活着的意义和目的。[2]作为家长，一方面需要在自己的生活工作中言传身教，另一方面更重要的是要教育孩子对自己将要从事的专业有一个全面的认识，同时也要引导他们树立正确的职业态度，发现乐趣，积极实践。

实际上，每个人现在或将来所拥有的职业就是自己生命信仰实现的具体方式。明白了这个道理，我们也就确立了自己的生命信仰，就会把工作与生命信仰的实现完全融为一体。在工作中就不需要别人经常的监督、激励，动力就是对这工作全然的享受。[2]温家宝总理曾对广大青年学生寄言："青年人要脚踏实地。不图虚名，不务虚声，唯以求真的态度做踏实的功夫。"不管从事什么样的职业，首先应该拥有对这一职业执着的热爱和全身心的投入，也只有在这样的情况下才能够最大限度地实现自己的人生价值。譬如医学生职业教育，只有明确了作为白衣使者的责任与意义，才能够更加热爱自己的工作，从而追求更高层次的人生理想。我有很多学生是来自医学世家，长期的家庭教育中的耳濡目染对其人生价值有重大影响，他从小也对医学事业非常感兴趣，把治病救人、救死扶伤作为个人未来事业的最高目标。

二、职业是责任和使命

人是被赋予一定使命和职责的，人必须要为自己的使命做出承诺和行动。有人说过："一心向着自己目标前进的人，整个世界都会给它让路。"

使命感伴随着责任感，在我们承担社会责任的时候，我们会感到自己不再是那个只知道上班和挣钱的机器，而是和这个单位、这个社区、这个城市、这个国家息息相关的共同体的成员。[2]从此，不再孤独、不再郁闷与无聊，会感到生命的充实与满足。人们的职业劳动在为个人获得必需的生活资料的同时，也为社会创造了财富。通过劳动成果的平等交换，既体现出为他人服务的程度，又衡量出对社会和国家所贡献的大小。

然而，责任感并不容易建立，原因就在于它是由许多小事做起的，并且要始终坚持常年如一日，永不松懈。履行职业责任，最基本的是做事成熟，无论多小的事，都能够比以往任何人做得都好。道理显而易见，通俗易懂，却往往容易被人忽视或轻视。一颗责任心，对无论从事哪一行业，都是不可或缺的，对于医生、教师之类的医人、育人职业，责任心尤为重要。大学生刚离开父母无微不至的庇护，开始相对独立地学习和生活，正是加强责任心培养的关键时期。

因此，在责任感培养方面，家长应该从青少年时期就重视起来。注重在日常生活的小事中锻炼孩子的爱心与使命感，培养孩子学会处理问题和解决问题，而不是拖延或者简单的敷衍。在大学这一职业观逐渐形成的重要时期，家长更应当加强对大学生的引导，通过平等的对话和就业经历的分享，让他们能够认识到责任感在职业实践中的重要作用。我们医学院团委曾经组织党员干部针对医疗系统的不正之风展开过深入的讨论，同时在讨论中也发现同学们对职业观的树立是一个漫长的过程，学校的教育非常有限，需要家庭、社会多方面的引导，树立起怎样的职业精神和职业态度，对其职业生涯有着非常重要的影响。

三、职业是一种兴趣也是乐趣

职业的选择往往困扰着无数大学学子，尽管我们希望大学生在择业时考虑国家中社会和经济的进步、目前和未来的需要，但也应当保证个人选择的自由，这是既向个人负责，也向社会负责。我们应引导学生处理好个人利益与社会需要的关系，把握国家发展战略对人才和知识的需求导向，把社会需要与个人期望、社会利益与个人理想统一起来。[3]

很多父母过分看重子女就业的城市、待遇，希望自己的孩子在大城市工作。这样不仅会影响子女的就业观，限制了很多选择，从而丧失很多本来合适的机会。这就好比医生职业的实习轮训，如果一个医生不曾有在急诊科轮转实习的相关经历，他就难于积累处理应急突发情况的经验，这是无法在书本上得到等同体会的。在哪里工作能够得到更多的成长空间和机会，比薪酬待遇更为重要。古人云："知子莫过父"，每个人的先天素质与后天影响各不相同，家长们应根据我国国情和社会需求及孩子本身条件对他们寄于适度的期望，以适合的就是最好的为标准帮助子女从大一开始就规划自己的事业和人生。帮助孩子树立正确的职业观，响应内心深处的召唤去选择一项可以作为事业的职业。

在大学生职业生涯规划中，家庭教育给予孩子潜移默化的影响不可小觑。父母作为孩子的第一任教师，其价值取向、教育方式和言谈举止都会潜移默化地影响着孩子对职业的评价和选择。家长们应既让子女在大学里获得立足社会的真才实学，又积极引导他们树立自信、乐观，敢于面对挑战的择业就业观。身为家长，还应当帮助孩子正确认识职业与兴趣的关系：理想和现实往往是有距离的，很多人的兴趣与职业无法接轨，但可以把兴趣作为生活的另一部分与职业并行。两者不仅紧密联系，还可以互相转化。有人因为兴趣而工作，有人工作并兴趣着。宋庆龄女士曾说："在一个人的身上留下不可磨灭的印记的是家庭。"大学生能否顺利走出校园，走向社会，走向成功，很大程度上取决于家庭教育对他的影响。

因此，作为大学生的家长，如何给予未来社会栋梁之才的大学生以良好的家庭教育是您责无旁贷且必须认真钻研的一门必修课，希望在您的教育下，您的孩子都能展翅腾飞，为祖国的江山描绘绚丽的色彩！

参考文献：

[1]王英斌.对青少年职业观影响最大的是谁.世界文化,2007,(5).

[2]王运登,蒯凤枝.当代大学生应该具有什么样的职业观.资治文摘(管理版),2009,(1).

[3]江群翔.树立正确的职业观:技能＋乐趣＋意义.当代教育论坛,2005,(5).

走近教师家庭，畅谈家庭教育

杨　亮

主持人：

为了更便于从父母一代的视角阐述对于家庭教育的观点，现特别邀请数位已经经历或者正在经历子女培养教育阶段的一些教师家庭参与研讨。他们既是教育工作者，在各自的家庭中又为人父母，以他们的角度评述自身的家庭教育环节，相信会更易于和各位家长们产生共鸣。

下面让我们来听一听方老师的意见。方老师，您好，听说您的孩子刚刚举行完婚礼，那么首先要恭喜您。听说您在对待子女培养成才的过程中长期以来颇费心血，作为一名数学系教授，更作为一名好父亲，您能否谈一谈您几十年来育儿经验的体会么？

方道元老师：

感谢大家的祝福。那好，在此我就谈几点体会，供朋友们参考。身为人父责任是重大的，"子不教父之过"，要掌控孩子，使孩子能自主的做事，并要在你的调控范围内成长绝非是一件易事。为让孩子明白与认识一些道理，我也有过许多个不眠之夜，回头去看，在教子的过程中酸甜苦辣也只有自己能体会。

首先，要在孩子对万物觉得好奇且有很大的兴趣的时候，让孩子从小学会自主的做好一件事。让他明白什么叫做已经做好了一件事。我觉得这很重要，这会减弱孩子在逆反期中的逆反心理，所谓的逆反其实就是过于偏执。在这一阶段的孩子往往会听不进道理。所以教育起来会特别的困难，有时会感到束手无策。我相信每个父母都会经历到这一阶段。我也往往会为儿子的良好的学习一贯的培养，较强的事业心的树立方面费尽心思。比如随着电脑的快速发展，会使家长面临着诸如给不给孩子玩电脑，如何培养孩子的自控能力等问题。在这样的问题上儿子与我们往往会玩起猫与老鼠的游戏。常常是我们一出门，他就会把防盗门与门一起关好，然后就玩起来，这样他可以赢得关机的时间，一旦发现我们回来了就马上强制关机，然后回到自己该在的位子。

其次，在孩子的逆反阶段尽量避免与他们正面冲突。特别是孩子处在逆反期。有时可以说是一种较量。我在这个问题上虽然提倡的是实事求是的原则，要他坦诚地面对，适当的玩玩时可以的，我也觉得若能适可而止实际上还是必要的，所以常常在完成该做的事情后允许他玩一定的时间，以便学会自我控制。但他往往不满足，不过瘾。所以有时还是偷偷地玩着。但总体来说在这个问题上还是比较诚实的，有时他去网吧玩，当我质问此事时，还是能够坦白的，我的政策是坦白从宽。在这阶段通过正面的方式，要使孩子认识自己的缺陷是很难的。在我儿子中学阶段，我也让他用书面的形式谈过诸如洗好碗与读好书的关系，尊重与礼貌、自信与盲目自信的问题的认识，尽管短时间内收效不大，但我们家长要尽可能利用一些场合，使孩子无意地明白自己应该怎样做，自己适合做什么等道理。

主持人：

方老师可谓是用心良苦，在子女教育上时刻不曾懈怠，可能这堪比科研上的严谨细致的治学态度了。今天我们还有幸邀请到了王玲玲老师，王老师好，听说您配合浙江大学招生办从事了很长时期的招生工作，您能够谈一谈您在招生工作中接触过哪些地区的新生和家长？您觉得这些家长是否对自己的孩子或大学生活模式有较为清晰的认识呢？

王玲玲老师：

嗯，因为自己的孩子还在教育过程中，身在其中所以很难给大家传授经验了。但我曾赴浙江台州招生，新生家长接触不少，各个地区都有，如浙江、山西、陕西、辽宁、天津、江苏等。我觉得家长对孩子即将开始的大学生活模式有一定的认识，但不是很清晰。有认识的是：知道大学不同于中学，学习和发展要靠学生自我管理和控制为主，学生有较多的自由和自主权。不清晰的是：学生应该怎样认识大学，怎样规划大学生涯发展，家长如何调整与学生的角色互动方式，家长如何帮助学生实现发展，对于大学教育的意义等，应该说大部分认识不够清晰。

主持人：

那么您觉得在目前这个教育环境中，早期的家庭教育有哪些得失？您觉得现在独生子女家庭模式对于大多数的家庭教育的影响有哪些？是否可以举个例子。

王玲玲老师：

得的方面：大部分学生很要强，知道要竞争，要努力。失的方面：真正的幸福和快乐在哪里，如何更好地完善自己的人生，可能家长们并不清楚或并未引导学生们去发现。所以我在思考，目前的独生子女的家庭模式可能是很不完善的，最大的漏洞就是很可能造成了孩子过分地以自我为中心，不懂得承担责任。外语学院有一独生子女学生，家境很好，学生自己也聪明。但是因为自小养成被动学习、自己对自己不负责任的习惯，到了大学，学习习惯非常差，上课都需要家长短信提醒，这些事情可能有些家长或者老师觉得不可思议，但就真实地发生我们的身边。

方道元老师：

这个我非常赞同，我发现很多同学以为来到大学依然是“解题目”，会做就有动力，然后一直到题目解不动了为止。在数学系里，觉得不会做或者非常困难人可能就一点也学不下去，学科视野、知识运用消化能力都远远逊于国外的大学生。这种局面绝不能仅仅靠学校的课堂教育来扭转。

主持人：

您觉得作为一个大学和一名大学生家长之间的关系应该如何定位以及对于高中生和大学生家庭教育之间的异同比较，您有何观点。您所了解于国外学生家长尤其是大学生的家长有哪些异同之处可供参考？

王玲玲老师：

我希望能够建立大学生与家长之间的互信、相互关爱尊重，这是家庭教育的前提与基础。理想的关系，是家长把孩子作为了成人，并给予应有的尊重理解，家长与孩子成为亲密的朋友；同时，家庭继续给予角色关系的约束与责任的赋予。进入到重点大学并不能保证所有人都能够成才，其中的很大差异就在于学生与否能够把这个成长机会切实珍惜和利用起来。

方道元老师：

两个事情很重要，一个是正确地认识、评估自己的孩子，是家庭教育的起始点；另一个是要在平时多给他们一些挫折教育，这样他们才会成熟，一个人一生不太可能从一个成功迈向另一个成功，遇到沟沟坎坎怎么办？家长要多思考这些，而不是用孩子的某方面特长向其他家长炫耀，这是误区。

主持人：

王老师和方老师对家庭教育的内涵与范畴的理解很透彻很广泛，看来有很多学生家长还没有掌握家庭教育的要领，那么金老师，您作为长期从事招生和学籍处理相关工作，您觉得家庭教育是否有一些误区呢？

金蒙伟老师：

误区谈不上，但我觉得大学生家长最核心的工作是引导孩子有一个良好的生活心态。我接触过很多贫困生，以及家庭背景条件不是很好的学生，他们虽然生活不富裕，甚至平时要做一些勤工助学活动贴补生活费用，这些都不是问题，但只要他们的心态健康向上，甚至比那些家庭优越的孩子们还要有出息。为什么呢？因为他们对自己的大学生活要求更为积极，更富于进取心，不用别人督促和监管。所以即便家长根本不懂什么家庭教育也没有关系，就是土生土长的山沟里的农民，作为父母一样可以进行很好的家庭教育，这种教育是无形的。你可以注意观察那些孩子，从他们的眼神中，你都能感受到一种自信，一种健康向上的朝气和力量，甚至看到他们父辈们对待生活、对待自我、对待他人的质朴痕迹，我觉得有这样的家庭教育就可以了，剩下的事情靠他们自己，如果有好的教育环境再促进一下，孩子肯定最终能够成材的。我对自己的孩子也是非常强调教育做事的心态。

主持人：

谢谢金老师的观点，孩子的心态培养真的不是一朝一夕三两句话能够涵盖的。据我所知，家长和孩子的观点往往会存在分歧，比如浙江大学的教育环境应该来说也在全

国属于一流水准，很多家长都希望把孩子送到这里来读书，但是其中往往蕴含着很多家庭分歧，那么接下来自浙江大学招生办的夏标泉处长能否给家长朋友们一些意见？

夏标泉老师：

意见很多，最关键的只有一句话，让孩子主动地去选择。我只给大家举一个在招生过程中我遇到的例子，大家就明白了。曾经有这样一个家长，他的孩子成绩不错，有意愿报考浙江大学，家长就来咨询了，我说以成绩来说按照往年的分数线推算完全可以进入到我校，所以欢迎报考。家长听了也很高兴，然后问我意见报考哪个方向好。我简单了解了一下他孩子的特长和偏好，后来建议其报考工科大类然后未来朝化工高分子专业方向逐渐做积累，我们学校这个方向学科排名很高，而且他孩子曾经得过省化学竞赛三等奖，也算是有些偏好。这位父亲高高兴兴地走了，我以为事情都解决了，我校又多了个可造之材。但第二天，父亲又来了，他说看到我校的心理学排名很考前，而孩子从小受到一个读博士的表哥的影响，一直对心理学很感兴趣，问我的意见，我说好啊，这个方向也是社会未来发展人才缺口很大的一个方向，我以为家长在这个很关键的时刻迟疑犹豫很正常，甚至在工科、理科、文科之间跳跃选择都频繁出现。但是到了晚上，这位家长又打电话来了，说又想打听一下社会科学大类的情况。至此，我不得不对这位家长很严肃地指出来一个很严重的问题：从报考开始，家长都一直在为孩子做参谋，但孩子自己喜欢什么，家长是否真得知道？孩子自己为何不来当面来咨询？如果完全由家长为其安排，孩子那边未来可能要埋下很大的问题或隐患。我没有把话说透，但家长这个时候明白了，意识到了让孩子考完试就“自由放松”去了其实是很大的疏漏，这段“成长经历”家长是能辅助但不能替代的。我想这个故事，足以给家长们提供一些经验借鉴了。

主持人：

谢谢夏老师。看来您不单单是帮助了一个考生，而且对家长的告诫也促使了家长对家庭教育中父母角色与任务的反思，总想完成“包办一切”目标的家庭教育必然会事倍功半。我们接下来邀请具有数十年招生工作经验的前招办主任程艺老师给各位家长一些意见吧。

程艺老师：

前面几位老师已经说得很全面了。别看做招生工作，但对于自己子女的教育还是比较惭愧的，也没有太多可书的经验。我仅补充一下自己的经历体验供大家借鉴。最近去美国交流学习，对比国内国外的教育模式和学生素质我发现，美国的小孩兴趣驱动力很强，而且越是到了大学，这种学习的主动性越强，而在国内，我们的中小学生是在压力下学习，到了大学茫然不知为何而学，有一些同学凭借“惯性”去学习，虽然保持了某种层面的“优秀”，但充其量连最为基本的职业化准备都算不上，“跳过龙门”后反而茫然不知所终。

一方面，我们教育工作者和家长们眼中的“成才观”较为狭隘，所以我们培养不出大师级别的人；另一个方面，我们的教育不全面，这一代孩子有很大程度上表现为平时难于为他人着想、缺乏信仰、很少付出、自我认知和自我调整能力都较弱，这些不仅仅需要教育工作者思考，也要家长一起思考应对。大学并不是试图把所有人培养成为完美的人，它仅仅是平台，到了这个平台，有很多机会可以选择以不断取长补短，提升自身；相反，家庭教育强调因材施教，有的时候要多鼓励和表扬，有的时候更要协助他们发现自身的缺点和不足。

主持人：

再次感谢各位老师从百忙之中抽出时间来参加这个访谈，相信众多大学新生的家长们一定会从中有所收获和启发。

古希腊的伟大作家色诺芬曾经这样说——我们有谁看到从别人处所受的恩惠有比子女从父母处所受的恩惠更多。希望我们的父母能够在今后的教育引导中少走弯路，愿良好的家庭教育能伴随着孩子们一起度过这段大学时光。

致高中毕业生家长们的一封信

亲爱的新生家长：

您好！

祝贺你的孩子能如愿以偿考上浙江大学！

大学阶段是一个人确定人生观、世界观、价值观的最关键的时期，也是人生中最重要的黄金时期。从进入大学校园的这天起，你的孩子就进入了从中学到大学的跨越期，他（她）会有各种各样的困惑、不适应，这都是正常的情况。大学的重要任务之一就是培养主动、独立、自立、自强的学习与生活能力。为了使你的孩子尽快适应和实现人生发展阶段的转换，尽早确立新的人生奋斗目标，健康成长，顺利成才，学院将和你共同努力！

如何融入大学生活，如何为以后的成才道路打好坚实的基础，不仅需要同学们自身的努力付出，教师的辛勤教导，更需要家长的关怀、理解与帮助。对于这些大多初次离开父母、离开家乡求学的少年来说，或许他们尚不能面对生活与学习的双重责任完全独立地生活，但我们会发挥最大的能力，秉承浙江大学“求是”学风，以“综合型、研究型、创新型”为办学特色，引领每一位新生不断成长。

“大不自多，海纳江河，惟学无际，际于天地”。当代社会，科学技术的变革成为推动社会发展的主要力量，大学的魅力不仅在于保存与传递知识，更在于成为一个尊重科学、尊重自由、追求真理、服务社会、实现自我价值的平台。一方面，从对待事物的态度、科学的思维方法到启迪人生的智慧，大学教育远远超出了初级教育、家庭教育所涵盖的范围；另一方面，对于传统文化中道德情操、价值观念的不断挖掘与弘扬，家庭中尤其是父母对于子女的谆谆教导，也肩负着重大的责任并将继续发挥积极的作用。

生活是最为基础的。尤其是对于没有住校经历的同学们来说，你们虽然大都在经济上尚未独立，但是生活在远离父母甚至远离家乡的环境中，开始与身边的同学一同成长，一同打理生活，乃至每一分精力、金钱与时间，都要亲自安排，面对如此的自由空间，你该如何选择、如何计划呢？到底是规避风险，是量入为出，还是积极应对，这些不仅是我们对于生活的态度，也是对于整个人生的态度。

交往是需要锻炼的。步入大学学府，每天面对的可能不再是过去那一群从小谙熟的同学和老师，而是更大一群匆匆而过的陌生而又似曾相识的面孔。如何吸取他人的经验，得到他人的理解与认同，如何向众人分享你的快乐，这些现实的人际交往不仅能消除困惑、有所收获、逐渐成长，而且可以推动你读书做人的成长进度乃至为毕业后充实的人生道路打下基础。

心理是很多人关注的。大学生活将是一次全方面接触，一些问题、疑惑甚至冲突，也会随着我们逐渐地成长成熟，变得日益复杂与深刻起来。它包含了大家对于自己的认知，也包含了大家对于他人的看法，包含了大家对于社会的态度，更包含了大家对于什么是价值、什么是人生的思索。

一个健康的人，首先是一个心理上、精神上都能够不断适应不断获得调节的人，一个全面发展的大学生，首先是一个认知全面心理健康的大学生。

学习是大学的本质意义。无论是出国、科研，还是就业，人生的规划有千万种，在大学这个相对开放的、充满朝气的青年时代，最为关键的还是在于我们积累知识、培养能力、提高素质。在大类招生和学分制度的前提下，你们有了更加自主的选择余地，甚至很多同学将有机会走出国门深造。所以要珍惜这段学习岁月，珍惜在课堂上、图书馆里、实验室中的一分一秒。每一个人要有紧迫感、危机感、责任感，尽快适应大学生活，从思想上完成从一个中学生到一名求是青年的转变，并且在生活中、在实践中履行自己应尽的义务。

“以学生为本”，我们将始终不忘社会的期望，牢记家长的重托，切实履行对大学新生督促、引导、管理的责任，并与各位家长增进交流沟通，积极反馈信息，希望通过多方面的努力，把每一位学子都培养成为有用之才。

请各位新生家长们，务必牢记我们学校管理老师的邮箱和电话（见相关附件）。很多家长可能未来会受到成绩单或者老师进行的电话家访，这些都属于例行工作，是学校为了串联好学校教育和家庭教育所做的努力和尝试，但需要提醒各位家长值得注意的是，对于大学生来说，既不能像小孩子那样万事都操心代劳，也不能“放任自流”。大学并不是一个“保险箱”，把孩子“扔”在大学里而未能给予足够的关注，是对大学阶段家庭教育理解的重大误区。所以，本着对孩子未来负责的态度，请家长们继续跟随辅导老师们的指导，通过家庭教育为孩子们的成长引领护航。

最后，我们诚挚地邀请各位新生家长参加新生开学典礼，具体地点届时通知。

此致

敬礼！

辅导员

附：教学教务

1. 浙江大学实行四学期制，每学年分秋、冬、春、夏4个学期。毕业时应修满教学计划规定的160学分左右（详见各专业教学计划）。未满四年修满规定学分的，允许申请提前毕业。因故不能在四年里毕业的，可申请延长学制，但学习年限最长不得超过六年。在读学期间单学期修读取得的规定课程学分如数次不足12学分（毕业班除外）的学生，学校将予以退学处理。

2. 学生奖学金情况：学校30%以上的同学可以获得浙江大学普通学生奖学金，其中一等奖3%，二等奖8%，三等奖15%，单项奖6%，符合一定条件的同学还可以获得研究与创业、对外交流等奖学金。（详细规定参见学工部网页相关文件）

3. 学生困难资助与贷款情况：学校对经济困难学生进行认定，并建立信息库。符合条件的经济困难学生可以申请贴息的国家助学贷款。新生在每年9月份，老生在每年5月份可以提出申请。新生贫困者入学可走绿色通道，办理学费缓交手续。另外，这些学生还可以申请学校的勤工助学岗位，如家庭突发临时困难也可以向学院（学园）申报补助。（详细规定参见学工部网页相关文件）

写在他们进入大学之前

时间过得很快，随着各地高三学生保送工作的陆续开始，转眼间大学新生们即将在经过数个月后高考的洗礼，把欢笑洒向他们心目中神圣的象牙塔。作为一名经常参与招生工作的高校教师，能够看到越来越多的学生能够有机会进入到大学，无论报考到哪个学校，均有了更多的机会坐在高等教育学府中汲取成长的养分，满足求知的渴望，心中自然是十分欣慰的。当然，抱有这种欣慰的，还有在你们身后十多年默默奉献了无数时光和精力的家长们。

人生有很多选择的机会，刻苦努力的和运气好的，往往面对机会或选择的时候，能够充分地把握住快速成长的路径，更容易走向成功。实践证明，在现代社会，经受教育的程度越高，往往更能够有更多的主宰自己命运的机会。每个青年都有自己的梦想，有的人想当科学家，有的人想当商界达人，有的人痴迷于用技术改造这个世界，有的人想做个有学问明事理的普通公民。来到大学，是进入社会的一个重要环节，它并不能让你一下子就实现你们的梦想，但它能够给你以靠近这些梦想的机会。但是你们准备好了吗？这也就是这篇文章力图“从后向前”告诉大家的一些事情。

关于职业选择

曾经有位青年企业家这样说，没有夕阳的产业只有夕阳的企业。这句话还是很有哲理的。同样可以适用于对“职业”的描述。在进行职业选择时候的判断取舍的出发点是我们每个人的志趣、爱好、特长，以及对自我的期望。同时，任何一个职业内部的分工也是多种多样的。比如最简单的传统的机械制造学科来说，操作普通车床机械加工也是机械制造；而使用精密的数控机床进行微米级的操作也是算是机械制造，你的学科背景仅仅是大的学科背景基本素养，也许不需要你在体力上有多大的优势，但对一个模型的设计改良与加工优化，需要你进行长期的经验积累与实践能力，涉及材料、机械、力学、自动化等多个学科的相关背景，未来也更强调一专多能复合型能力素养。所以，大学的学习是一个打基础的过程，厚积薄发才是成功的最大捷径。很多人都试图在进入大学之前就瞄定所谓的“高端职业”是一个很大的误区。

社会的发展是一个缓慢的过程，有一些职业似乎在一时间“很吃香”，仅仅反映的是一种暂时的供需不平衡。比如说我国的外贸行业在改革开放初期刚刚起步的时候，很多人对于国际贸易中的规则都缺乏基本的了解，甚至是缺乏基本的交流技能，这使得在一段时间内，各种人才和资源都涌向这个专业。但随着社会经济的发展和逐渐打开国门参与世界贸易的程度越来越深，国家的“对外贸易”活动的专业性程度逐渐加剧，对各种人才的需求也深化到了其他专业，包括机械、材料、人力资源、外语小语种、心理学等等，几乎各个学科无所不包。所以说，注重内在的成长，及时把握机遇，比试图在填报志愿的时候就能锁定那些所谓的“高端职业”要更为有效。

在省外招生期间，曾有某个家长问我，就业率这个指标对于评价大学来说是否重要？我回答说：评价一个大学或学科的发展潜力，需要的是一个相当长的时间和全面的考察，而现在的大学就业环节中作为求职大军的一员，每个学生和用人单位面对的始终都是双向选择，用人单位绝不会凭借应聘者所毕业的大学平均就业率来衡量面前的这个应聘毕业生是否有能力胜任其所应聘的岗位，更难于以此界定其培养发展的潜力，那么同样作为家长在为孩子提供高校选择或者专业选择的时候，又为何仅仅以一个简单的数值来做出取舍呢？试图一劳永逸，用停滞的眼光去看待职业发展过程，甚至越俎代庖地替代高三学生做长远决策，这是很多家长常常会踏入的误区，这样的“捷径”仅是心理上的一厢情愿罢了。

令许多大一的新生迷茫的是进入大学后该如何应对职业发展？我认为有两条很重要，第一是做规划，第二是做积累。没有规划就没有目标，没有目标就没有行为上的动

力，至于规划如何修正，也是要在不断地进行积累之后做出的取舍，这个修正的过程其实就是一个人成长的过程，是任何人包括家长和老师在内都无法替代的。尤其是对于本科生来说，个人的主动性远远大于学校背景和专业背景。曾经有一个学法律的学生，在读大学的过程中，由于参加社团活动较多，逐渐对管理方面的信息产生了很大兴趣，自己开始从律师和法官的未来规划中慢慢转移到管理类。在大三和大四学年不断地阅读诸如《哈佛商业评论》以及其他的课外书籍杂志，并且旁听一些相关课程，最终进入到一家管理咨询公司供职。虽然其中需要额外地付出一些时间和精力，但我想这就是一个学生自我成长和挖掘的过程，在一次次的积累中取舍哪些是自己真正想要的职业方向，而倘若让他一开始就锁定在某个学科学习，反而未必能够挖掘出自身在某方面的志趣或潜力。

关于专业选择

每年高考之后，都有很多家长和学生为专业方向的选择而苦恼不已，尤其很多地区在推行平行志愿填报之后，这种取舍更是令人左右为难。对低年级的大学生来说，其性格相对已经稳定，但价值观和职业规划尚在发展之中。经验表明，大多数学生在这个阶段的可塑性非常强，需要不断接触相关信息和修正自身的发展方向。一个人内在的偏好，显然比同等级别里大学与大学之间的选择更具有决定性。十几年来，大学生的专业选择热点从医生到外贸，从电力电子到管理科学，从金融到计算机。当一个社会的热点频频更迭的时候，青年学生们的专业选择偏好也随之变化，这反应的是整个社会的产业发展趋势，是十分正常，但是否应该追逐这些热点而反复奔走呢？我觉得青年人们至少应该广开思路，未来作为一名大学生毕业来说，大家的职业生涯将不再是“千军万马过独木桥”，而是“八仙过海各显神通”。无论你选择哪个专业，都有可能成为自己进入社会职业生涯的一个成功的载体。在某教育网站近期对90后大学生进行了一项调查，调查表明，在对所学专业前途有何看法时，50.79％的学生持乐观态度，认为所学专业就业渠道广，不担心自己的出路；15.06％的学生对专业前途堪忧，还有15.01％新生走一步看一步，还未考虑以后的前途。这说明绝大多数90后学生大体上对所学专业比较满意，但对专业缺乏系统性的认识，部分学生对所学专业的前途堪忧，担心以后的出路。这也告诉高三考生，在选择专业和大学的时候不仅要以自己的兴趣为出发点，更重要的是了解专业内涵，在求学过程中逐渐将专业和就业更紧密地结合起来。

同时，我们更应该看到，大学教育和职业教育是有所区别的。大学更注重于通识教育、数理基础的训练，甚至有很大比例的同学没有走和专业相关的职业道路依然取得成功。一个新生可能因为自己在高中阶段得到过某个奖项，比如数学、生物、物理或计算机而选择了这些专业方向，甚至是保送到了这些专业方向。(当然，这种基于兴趣和学习基础比盲目选择要好得多。)但是大学里不同专业的学习，真的如大家所期待的那样吗？在做招生咨询的时候，我曾经频繁地遇到这样的情况：家长和考生非常憧憬能够进入到某个专业，但当我把这个专业的课程资料拿到他们面前的时候，他们的表情却大失所望，他们也觉得自己对专业的理解可能为“专业名称”所误导。实话说，目前很多高校的专业名称的设计能力都非常“精湛”，但在课程设置与人才培养上却显得参差不齐，这才是真正需要比较的关键。

目前很多高校都在推行主修专业二次确认规则，其实就是针对我国目前的教育体制，让学生们在进入到大学后，有机会进一步接触到专业内涵信息，再进行自己的选择和取舍，这样才能把个人的优势与潜力最大限度地发挥出来。举个例子，如果一个学生尚未进入大学，他很难了解“地理信息系统”这个学科到底是关于何种方向，甚至可能误以为是搞地质勘探，而到了大学之后才会发现，其实这是一个偏重于信息学科的通过现代技术手段以地理学、计算机、遥感技术和地图学涵盖城建、区域经济、国土资源、环境治理、交通管理、人口布局、住房规划、灾害防治、土地利用的交叉学科，地质勘探工作可能仅仅是所涉及众多方向中的一个分支而已。如果仅仅因为对专业名称的不了解，很可能错失了很好的方向或者投奔到了一个自己鲜有兴趣的行业，用“90”后们的语言来说：这才是最大的悲剧。我曾经指导过计算机专业的学生，在他们毕业后频频发现，自己在大学期间的数学类专业课程没有学好，导致工作后遇到的计算机方面的问题难于下手，反而需要回到大学的课本中去充电，这也表明了大学高等教育的特点和职业教育的确是有所差异和侧重的。相比之下，它更注重数理基础的训练，而这些或就是学生们未来进入更高层次技术水平的重大瓶颈。

关于学校选择

选择学校的依据是什么？很多学生和家长现在越来越看重一些国内高校排名榜。个人觉得，通过高校排名的确可以获得一些有价值的信息，比如师资力量、科研能力、社会声誉、学生培养模式、就业情况、出国交流比例等等。考虑到很多排名的标准不同，同样的高校在这些排名次序之间会有很大的差异，但学校的办学档次至少能够稳定在某个区间内。针对考生学业的不同层次，可供选择的各级本科、专科院校的范围就可以大致的圈定，但这个范围依然很大，那么如何做进一步选择呢？在此值得特别指出的是，任何大学首先都应该是注重学生的整体素养的提升和培育，如果把大学的培养模式当作“高四”模式来进行，可能对学生成长来说是极大的伤害，同时如果考生和家长们仅仅把本科学业当作缓兵之计，或者作为出国或者考研的跳板，最终也只能是缘木求鱼得不偿失。至于学校选择的依据，我觉得还是要看各个高校的办学传统和培养模式。

一个高校的办学风气和传统难于做客观的比对，没有

绝对的好或不好，只有是否适合自己。如果学校是以文史见长，可能很多校友也都在选择从政道路，而有的学校是以理工见长，有的学校专注于对外交流培养国际型人才，有的学校更青睐于脚踏实地让学生们成为国内各行业项目工程骨干。这些信息都可以作为参考因素，综合性大学能够获得更为广阔的接触平台，而到工科或者经济金融类学校则可以在某一个方面获得信息集聚的优势，除了不同高校报考志愿本身的风险外，都有很多的信息值得了解和挖掘。当然，如果有可能，我非常鼓励在家长的带领下，让考生们进行实地走访考察，亲自到几个自己非常中意的大学里寻访比照一下，和大学的老师们聊一聊大学里的学生工作管理模式与整个学校未来的发展与建设情况，避免道听途说，人云亦云。或者通过其他方式多多收集关于自己未来发展所需的各种信息和资料。总之，高三暑假里不要缺失这些重要的“课余活动”，高三的终点就是大一的起点，我想广大家长们在若干年后会意识到这句话的重要性。

关于出国发展

很多考生非常关注自身未来的发展走向。可以说，随着国家国际地位的上升，国际事务参与、国际贸易的发展会有更多的机会让我们走出国门，作为学生来说也必然会有越来越多的机会就读于国外著名高校或者供职于跨国企业。除了基本的外语能力、学业水平以及自身的素养条件之外，毕业高校作为几乎是唯一的学历背景，目前依然占有很大的评判比重，越是国内的名校，享有的国际化资源越多，出国留学或交流的比例就越高。因此说，有一个优秀的成长背景、长远的规划期待和持之以恒的努力，对于立志于树立开拓自身国际化视野，成为国际化人才的学生是重要的条件。

但我认为这些还不够，要想获得具有国外深造履历并不是如登天一样困难，但它也并不是包办一切的“通行证”，难得是能够明确出国发展是为了什么？带着怎样的目标和规划踏上异国的土地是很多渴求出国发展学生最为彷徨的事情，是出于对科研事业的热爱？还是处于对国外职业生活的向往？还是抱着汲取先进技术与经验之后回到国内进行事业开拓？对国际教育思路要理性而成熟而不应赶时髦、盲目随大流，也并非所有学生都适合留学，应从家庭经济条件和学生自身的学习能力、适应能力、语言能力、性格特点、未来职业规划、国外教育机会的优劣等方面综合考虑每个人的目的不同，机遇不同，准备不同，得到的结果自然不同。这个思考和摸索的过程决定了你们是否能够及早投入和准备，是否能够持之以恒地付出，以及学成之后能够获得怎样的收获。

最后，无论大家选择哪一所高校，它势必都将成为新生的母校。未来的道理还非常漫长，这仅是未来无数个人生选择中的一项，切不可沾沾自喜止足不前，懈怠与沉浸在收获的喜悦之中。大学是孩子们进入社会的第一个门槛，也是学生们未来职业发展和步入社会生活的第一道关口。只有通过不断地学习，充实地度过大学生活，才能以优秀的成绩和为国家服务的卓越能力能回报整个社会、回报母校、回报家长、回报自我。

致大一新生家长们的一封信

尊敬的各位家长们:

大家好。

新生来到浙江大学已经有一年的时间了，作为家长来说，尤其是那些子女异地读书不在身边的家庭，想必也能感觉到孩子在一点点地迈向成熟。不少同学在这短短的时间内已经历了失败的挫折也品尝了成功的喜悦，一切刚刚开始，一切又是那么匆忙，四分之一的大学生活已经悄然而逝。很多家长在电话里问我孩子们的表现，很多同学在和我的谈话中也显露着一丝迷茫，甚至一些同学在不断地找到目标后又接连地失去目标。对于这些“天之骄子”来说，究竟什么样子的大学生活才是积极的、富有成效的、无怨无悔的呢？下面就几个问题结合本人在学生工作中接触到的情况和家长们交流一下。

谈心态

很多人会因一两次成功或失败的经历，为自己在整个群体中（无论是班级还是整个学园、学院、学校）寻找到一个定位。找到自己的位置是一件很好的事情，它往往是在综合了个人能力和评价后得到的，有助于形成清晰的自我认知。同时，个别同学在找到这个定位后，也容易迅速地丧失了继续思考继续奋斗的动力，或者过于悲观消沉，或者过于乐观大意。不同的人总有不同的态度。有的积极，有的消沉，有的惶恐，有的人不安，有的人无所谓，有的人无所畏惧，有的人有些惭愧，各式各样的心态都有。当然，更多的人可能想得不多或者想得太多，有一种迷茫的感觉。

每个年级都有数千学生，在这些同学中，总会有优秀的、良好的、平庸的与落后的，呈现一种两端小中间大的形态。在高中里，每个人可能都是首屈一指的佼佼者，受到的是老师们、同学们和家长众星捧月般的对待，但到达大学尤其是重点大学之后，身边优秀的同学比比皆是，甚至已经达到常人难于企及的高度，这个时刻如何重新接纳自己在一个庞大集体中的“位置”，苦恼着无数同学，也让家长们充满着极大的困惑，不断地发出质疑：“是自己的孩子变笨了吗?”

所有人都需要一种重新起跑心态。很多同学缺乏这种心态，以前在父母的监管下表现不出来，而在一个相对宽松的环境里丧失了对自己的要求，变得消沉。积极的心态不一定保证能够获得成功，但是缺乏积极的心态，一定不能获得成功。“积极”并不是要争什么要抢什么，但是很多事情，自己没有一种紧迫意识和竞争压力，最终自怨自艾得不偿失的只能是自己。

保持对环境的关注，积极地投入，热情地参与，对一个人来说甚至比记住书本上的一个公式重要得多。有时候就如同学生们小时候做游戏一样，玩耍的乐趣往往让大家忘记回家吃饭；也如同现在学生坐在电脑前对战一样，在和机器的对抗中获得成绩感。这都是人们追求的东西。曾经有个同学，学习成绩不错，但是在某一次的交流中和我说：感觉现在就是混日子，这令我非常错愕。怎么刚刚进入大学就要混日子了呢？这个主要的目标可能就是失去的进取的方向感。高中的事情总是有目标，而且总是很单一，分数高一些，竞赛成绩好一些，这就是学习的全部目标和意义，而大学里面，除了看似遥远的职业选择和科研道路，对于大学新生来说，可能普遍都丧失了一种紧迫的意识。

当然，并不是整天啃书本的学生就是正常地进行大学生活，整天旷课的学生就是正常地理解了大学生活。大学就是一个允许多方面主动选择的地方。有了积极的心态，才可能去准备、去选择，而这些选择的方向，并不能在当时就看出来可能要经历过一段时间才能发现，到底收获了什么和付出了什么，才能有评判的资格，评判自己的经历是否具有价值、具有回报。

谈“游戏”

由于信息时代大环境的影响，很多同学在电脑的使用上可能比以前要频繁得多。根据调查显示，约有三成的大学学生从初中开始就接触电脑游戏，而很多人的高三整个暑假假期就是在电脑游戏中度过的。现实是令人吃惊的。由于游戏、网络的泛滥，电脑的不合理使用已经在全国高校范围内都对大学生的自我生活管理造成了很大的冲击，我们也不得不提醒家长要关注子女在大学期间“游戏成瘾”、“网络成瘾”的迹象。低年级阶段的培养、规范出一个适合青年人成长、成才的优良习惯显得异常重要。

造成这种大起大落的学习成绩的原因表面上是沉溺游戏，但实质上是大学学习环境适应不良的体现。除了和自我管理、自我约束能力紧密相关之外，因游戏而影响学业还存在着更为广泛的原因。是否按时到课、完成作业后是否有充足的自修时间、是否在现实生活中也有一种积极进取的心态，这些东西最终决定了一个人是否踏实、有效地经历着他的大学生活。大学的环境是宽松的，绝对不能认为大学是学生个人成长的“保险箱”。

个别同学在秋冬学期没有意识到此类问题的严重性，过于放松自己，最后直接对该学期的学习成绩造成了显著的负面影响，甚至是第一次出现多门成绩挂科。但相对而言，另一部分同学在上半年春夏学期自觉地提高了自我管理的意识和自觉性，吸取教训后能够付出足够多的自修时间去认真钻研学业，成绩也随之有所回升。在大学有挫折不怕，有的时候速度不快也不怕，但谨记要及时调整过来回归到正常的道路上。

谈沟通

低年级同学中肯定会有个别同学不善于和其他同学沟通，缺乏交流主动性。这种沟通上看似十分简单的“说话”和性格是否内向外向无关，在当今社会中，必要沟通能力与主动性已经成为不可缺少的个人素质的体现。很多同学严重缺乏这种沟通能力，因此在学习与生活中一旦遇到了问题，不但不知道如何去应对与解决，而且不知道寻求应对与解决问题的方式。

经过调查也发现，在低年级同学当中，遇到困难选择向家长倾诉的同学少之又少。首先说“代沟”是客观存在的，他们所经历的、接触的和家长们甚至和老师们都有所不同，与之相适应的价值观也必然有着诸多差异，因此在很多家庭中，都出现了子女和父母之间的沟通障碍、消极抵触甚至是对抗的状态。很多子女听不进去家长的意见是一方面，另一方面是他们缺乏必要的自立能力，多吸收长辈的建议是十分有助于个体的成长。很多家长可能习惯于以前批评式的教育方式，当然在大是大非的事情上要有针对性地教育，但是对于一些观念上的“小事”则可以多多倾听子女们的心声，看看他们是如何思考的，我想这是家庭教育中最为重要的环节，甚至远远比通过询问同学和老师他们在校期间的各方面表现更为深刻，更为准确，更为有效。

对于大学生而言，家庭教育是不可或缺的关键环节。希望父母能够一方面站在一个家庭教育责任人的角度上对子女进行监护与管理，另一方面应该以一个朋友的角度，多倾听孩子们的观点与问题，形成良好的沟通氛围，良好的沟通是解决一切问题的开端，更是协助孩子逐渐形成独立意识和价值观念的第一步。在尊重子女独立思考培养其独立精神的前提下，尽可能地为其健康成长提供意见建议这样才能用家庭教育弥补学校教育所力所不及的地方。经

过我们的观察发现，和谐美好的家庭氛围对于大学生的成长具有举足轻重的不可替代的作用，而这样的氛围绝对不是靠家长的高压管理或者两代人之间的对立营造起来的。年轻人有年轻的思维方式和价值观，他们活跃、冲动、易于受到外界的影响，当然，同龄人之间更具有共同的语言，家长要完全站到他们的角度思考问题是不可能的。但是家长可以在和孩子的交流过程中充分利用自己丰富的阅历对他们生活中遇到的问题进行另一个视角的解读，给子女以不同的启发，甚至说发现子女在大学生活中遇到的困扰，及时和学校反馈联系及时发现及时解决。问题的关键在于倾听，在于沟通，在于如何避免子女的逆反心理的同时，两代人乃至三代人之间彼此能够建立信任感，分享彼此的观念。

失败的例子往往很相似，成功的典范可能各有各的不同。在未来的一年内，这些学生还可能有更为丰富的经历，要上工高班、要学双学位、要出国交流、要考托福 GRE，要做 SRTP 科研实践、要参加社团、要评奖评优、要做 project、要编大程、要 show presentation，甚至要谈恋爱；有无数的选择在等待的孩子们，有无数的机遇在等待着孩子们，更有无数的艰难与险阻在等待着孩子们。

希望各位家长有时间能够积极与子女沟通，需要学院进行配合也请及时来电来函。

希望家长们能够一如既往地关注他们的成长与未来。

此致

敬礼！

辅导员

致大二学生家长们的一封信

各位家长新年好，在此祝贺所有同学们家庭幸福和睦美满安康。

同学已经进入大二的学期了，孩子们又在专业上深入了一步，同样地，距离大学四年顺利完成学业也仅仅剩下两年的时间；当然，用来和家长们沟通的机会也屈指可数。在这为数不多的机会中，我们作为学生辅导工作者，为了学生们的健康积极的成长，总觉得需要和家长们尽量地多一些地交流。

1. 要有紧迫感，这当然不是我们仅仅想来提醒家长的，而是更有必要通过家长对子女的成长过程中予以重视的首要观念。大学生活到现在，很多同学都理解了众多学长和老师们反复强调的，做事要积极、要有效率并能落实到每天的行动中。而另外一些同学依然缺乏对未来的憧憬和规划，总是觉得还有很多时间可以挥霍，放松了对自己的要求，学习的效率不高，大学生活“非常地不充实”。

缺乏紧迫感，主要表现在一些同学把大学学习过程当作一项别人强加的任务，而不是一种主动的内在要求。结果就是以完成作业为准绳，以应对考试为最高目标，学习效率低，个人能力与素养的提升效果不高。一些个别同学曾这样感慨：“同样是学了一年半，怎么差距就这么大呢”。

其实这些非先天的，非初始性的差距，都是在这一年半的学习过程中一点点积累起来的。根据一些同学们的反馈分析，现阶段尽管同学们的学业压力不小，但是顺利修读既定学分完成各种形式的课业目标以达到基本的教学要求，应该来说大多数人还是能够完成的。“有压力才有动力”，希望各位家长能够让更多的同学理解这句话的涵义，让他们清醒地意识到坐享其成只能让大学生活变得暗淡，任何理想的实现都需要持续不断地付出。

2. 逐步调整积累，从细节处开始规划。比如很多大学生都会在学校里参加一些社团，但以强烈的某种目的加入社团：过分地拔高社团的作用比如对学业促进作用、对能力提高作用、对社会的奉献回报作用。这些都是理解上的误区，如果本职学业工作没有做好就依靠社团活动取得成就感是虚无缥缈的，它可以锦上添花，但不能作为基础和根本。如果一个学生的规划是未来出国留学，那么他应该首先关注的是自己的学业水平和英语能力，这是第一个步骤，在完成必要学业的过程中，为了获得更多的信息，能够和更多的志同道合的同学携手共进，那么可以选择一些对外交流社团参加。

如果一个对自己的成长和未来有相对稳定的目标规划的学生，他在大学低年级应该是懂得逐步积累的重要性，而不是试图一步登天，同时他更注重恰当地投放自己有限的时间和精力，而不是盲目地投入在各项活动之中。我遇到过很多的学生，过于“贪心”地想获得“全面的发展”，兴趣爱好并不稳定，而且也没有意识到在大学期间学业水平的核心地位，整天忙忙碌碌却终无任何收获。我一向反对以纯功利化的色彩去看待大学里的种种选择，但如果没有对未来的充分思考和把握，禁不起种种“丰富多彩生活”的诱惑，疲于应对各种面试、应对各种业余兴趣活动，最终必然遭遇大的挫折，乃至失去了成长的最佳时机。

3. 不能忽视脚踏实地的态度，当然这可能不仅仅是一个年级或者一个学校的问题，而是带有普遍性的社会问题。譬如涉及个人的职业发展，每个人都可以有充分的权力对个人的未来有所展望，大学提供了具有专业方向的培养机会，但是究竟如何利用大学的学习环境为个人未来的职业选择乃至生活方式的选择服务则是需要每个人落实到行动上去的。很多学生曾经在一年中先后向我表示过，未来要从事技术工作，或者想做管理型人才，甚至也有人想干脆脱离开专业去当个公务员。但就目前来说，同学们对于个人塑造的理解、对于职业的理解，都较为单纯，甚至说仅仅从纸面上获得一知半解。因此，为了让同学们对自己的未来拥有更为宽广的选择的权力，首先要鼓励他们以踏实认真的钻研态度在大学期间对自己的能力、知识进行积累。

有的同学积极接触实验室的课题项目；有的同学认真旁听一些其他专业课程；有的同学努力提升外语水平；有

的同学积极参加社会活动，都是很好的实践方式。踏实认真、富有效率并有所侧重地去投入，才能赋予大学生活以必要的意义，才是对大学生活的正确理解。

4. 遇到挫折该怎么办？大多数同学，自从进入大学以来，多少都有了一些不成功的经历，有的可以一笔带过，而有的个别同学遇到的情感上的、学业上的挫折可能已经给自己未来的成长造成了不小的困扰。而大多数情况，家长此时也显得爱莫能助，无法为其分担。挫折是难免的，这也是大学经历的必修课之一。从他们来到大学的那一天开始，就意味着未来的大多数时间，作为一个学生更作为一个成人，要独立承担一些风险，独自承担很多的责任，独立面对很多的困难，乃至接受暂时的失败的结果，同时从错误中获得成长和收获未必就少于成功中获得的自信力。

没有挫折的大学生活也是不完整的，或多或少，或大或小，或早或晚，每个人都应该从挫折的经历中走出来，甚至在失败中学到能够享用一生的东西。个别学生的心理素质偏低，一方面不愿正视挫折的经历，另一方面缺乏自我调节，缺乏重新树立自信心的勇气和方法。因此，为了及时地将这些学生引向正确的成长轨道，希望家长们能够及时了解孩子们成长中遇到的问题，帮助他们认知自我，重新振作，走出那些生活中暂时的困境，避免重复地在同样的地方跌倒。如果需要老师们特别地关注，也可以积极和班主任或辅导员取得联系反映情况。

每个家庭都对子女的成长充满期待，我们更希望他们能够充分地驾驭自己的大学生活，有所得，有所思，所以，希望各位家长能够继续关注孩子们的家庭教育环节，为把他们培养成为“正确认知自我、在未来能够自食其力、有益于社会和他人的人”而努力。

希望家长们能够一如既往地关注他们的成长与未来。

此致

敬礼!

辅导员

致大三学生家长们的一封信

尊敬的各位家长们:

大家好。

这些孩子们已不再是初入校园的懵懂少年的时候，同学们都已长大，面对他们的也将是新的机遇和挑战。截止到目前，这些学生中，既有已通过参加学科竞赛取得保送研究生资格的同学、成功出国交流一年并返校的同学，也有数门不及格课程时时在“保级”线上苦苦挣扎的同学，差异之巨大令人慨叹良多。当然，无论个体的差异有多么巨大，群体中一些共性的问题依然普遍存在。因此希望通过此次家长信的机会，让家长对一些校内工作和学生的大三学习生活情况有初步了解，以良好的家庭引导。

校内生活

第一个话题本来应该放在学习上的，但“校内生活”是一个非常重要的影响因素，不得不期望引起大家的深切关注。合理的作息时间是保持健康体魄、顺利完成大学学业的重要保障。而一些个别寝室，未能形成良好的风气和习惯，乃至寝室所有人都受到了负面影响。“考研寝室”、“自修寝室”与“游戏寝室”对于个体成员的影响，比家长的说教、学校的管理更要直接和深远得多。如何营造与建设寝室的风气与氛围，改善自己所处的学习小环境，也是一项重要的能力，如果一个寝室连协同熄灯时间都变得困难的话，那么一定无法理解校内生活对一个人的真正锻炼意义。当然，如果一经发现个别同学沉溺游戏、荒废学业甚至影响他人等个别情况，学院皆有义务和责任及时介入督促协调；但一些个别同学、个别的小团体，不愿意沟通、不善于沟通，造成寝室成员之间的隔膜、分歧乃至对立等不和谐的情况，也希望在新的一年中得到改善。作为学校在为学生提供自由宽松的学习环境的同时，也“给予”了他们诸多“放纵”的理由。如果家长通过和孩子的沟通察觉类似不良情况，应及时和学校保持沟通。

感情问题是大三同学面临的又一新课题。这个年龄段的学生对感情的需要符合当前同学的心理和生理特点，但是由于经历上的单薄和经验上的欠缺，很多同学过于理想化、情绪化、简单化地处理一些问题，尤其在遭受挫折的时候，极可能引发很多不良后果。感情问题和学业问题从根本上并不冲突，只是大多数情况下我国的大学生，在独立处理问题时显示出的能力偏弱，无法正确应对。因此，希望家长能够正确看待和处理子女的个人感情问题，既不可过多干涉，也不能放任自流，以尊重子女的个人选择为前提，以履行家长协助子女成长的义务为方式，做孩子的朋友，分享他们的感受与得失，指导他们在“恋爱”中更为广阔的人际交往过程中加深对自我的认识并提升责任意识，甚至不妨把自己的经验教训和分享。当然，有很多同学恰恰因为“谈恋爱”变得成熟懂事了，“眼中不再只关注自己”，学会照顾自己和理解他人了，这也是一个孩子在跨入二十岁前后的成长过程中的一份弥足珍贵的体验和经历。

再次强调，一个学生真正走向成熟前，通常对法律制度观念不够重视，对很多行为的后果不够有责任感和长远考虑。如果学生在学校内外处理问题时法律意识淡漠，法制观念不强，必然令自身担负一些额外的不良后果。一些校规校纪也严肃规定，诸如考试作弊等一些校内处分会导致个别同学大学四年后无法拿到学历证书甚至毕业证书，甚至开除学籍。

学习科研

大三年级面临众多的选择和分化，到了暑假，有的同学可能会到国外科研项目的交流学习，有的同学可能报考研究生的假期辅导班，有的同学可能在国内一些大公司实习，而有的同学还要面临多门课程的补考与重修。

一些同学会感到学习与科研的压力很大。一方面，基础知识的熟练掌握程度极大地影响了大三一年的学习进展，个别同学积累下来的一些不良学习习惯，诸如课堂吸收率不高、作业不能独立完成、不善于向老师或同学请教也影响了一个人对高年级知识的吸收理解；另一方面，新的知

识和更注重实践能力培养的课程设计，会让一些能力不足的同学屡屡遭受挫折失去自信。少数个人同学身上甚至可能遇到作业抄袭、旷课、弃考、降级等消极现象，这些事情的恶性循环可能让学习态度的负面情绪所带来的不良后果，它们比学习能力上的欠缺更为严重。没有学习压力就没有学习的动力，不同学习能力的学生面对的是不同层次上的学习压力。

如何突破学习瓶颈，如何把学习压力转化为学习动力，需要的是正确的态度和方法。一些同学缺乏遭受挫折的经历，一次打击后就可能一蹶不振，没有解决问题却同时丧失了更多的机会；有的同学不注重学习方法的反思与总结，屡次犯同样的错误，品味相仿的失败的滋味。尤其是一些同学，特别好面子，不肯向其他同学和老师请教，不理解的知识越积累越多，越来越“积重难返”，这都是缺乏学习能力的表现。希望家长能够协助在学习上遇到压力的学生对其遭遇的瓶颈问题进行分析梳理，如果觉得需要邀请老师一同探讨分析，应该及早联系学校共同解决。

科研训练也是大学学习的必要经历，很多同学都在学有余力的前提下进行科研训练项目，都积极地投身到实验室向师兄师姐以及导师们请教问题。整个科研过程培养的是学生的实践能力、创新能力，自主学习排除困难的能力以及协调各方面资源的能力，这些是课堂授课时极少体验到的，甚至说一些同学由此被激发出浓厚的专业兴趣进而学习成绩也有显著提高。而如果把目光放得更为遥远，在未来这些同学面向职业选择的时候，这些科研经历和实习经历，也会成为衡量一个求职者能力的重要指标。

当然，在这个过程中切忌好高骛远，急于打造出某些

"成绩"，甚至有违学术道德。大学生的所有科研训练，更注重的是视野上的开拓和方法思路上的塑造，而不是让大家在某个项目或课题上获得"诺贝尔奖"般的创新和突破。有的科研教师甚至强调，在本科期间，如果能够学会如何查阅资料、如何检文献，已经是很高的期待标准了。因此，应该鼓励大三学生在科研工作上拥有诚恳务实的态度，积极探求的精神和从点滴中积累的耐心。

素质能力

学校生活非常丰富，两年的时间里不少的同学已经形成了自己相对稳定的交际群落，除了班级之外，可能已参加不少的学生团体。大三时期，随着未来学业和职业规划逐渐成熟，更要提高这些"情商"因素，"真实的为我，便是最有益的为人"。在接下来的一年中，除一些较为稳定和优秀的社团外，同学们已经逐渐开始疏离这些个人爱好类的活动，通常更加务实，逐渐倾向于参加带有学业或职业诉求的团体。这些缓慢的行为转变，恰恰意味着学生思考上的逐渐成熟，是值得肯定的，但也容易快速地走向极端，比如有的同学认为"大学里的人际关系比高中复杂"、"同学们难于知心相待"，这未免不是学生所关注重点的偏颇，但也意味着学校和社会的接轨在高年级大学生活中更为突出和显著，应该指导学生理性对待，以更为平常的心态去接纳一些客观存在的现象，同时有所坚持，有所改变。

由于个人在机遇和学业上的变数增多，客观上应督促学生们要"关注细节"。"细节决定成败"，同一件事情对于不同人的意义有巨大差异，很多损失可以避免，很多机遇也可紧紧抓住。这需要一个人主动地去搜寻信息、整理信息，及时判断，正确应对。另外，勤于倾听、换位思考的习惯也都会有助于一个人清醒地分析处理问题。在上一次家长信中，我们针对学生的心态问题、游戏问题及与子女沟通问题也希望家长们能继续予以关注。

总之，大三阶段也是大学生活承上启下的关键一年，是积累的一年，远远未达到收获的季节。希望广大家长们能够通过家庭教育及时给予学生的成长以指导和帮助，并且针对学生的一些个体行为或倾向进行必要反馈，促使他们站在更高更远的地方起航人生。

希望家长们能够一如既往地关注他们的成长与未来。

此致

敬礼！

辅导员

致大四学生家长们的一封信

尊敬的各位学生家长：

很高兴又和广大的家长们在不同的地方一起伴随着孩子们度过了紧张的大三学年。遥望不远的将来，可能在彼此尚未熟识之前，大家又要彼此分别，此刻想必作为家长们对孩子的成长应该是充满了期待与欣慰的。期望之余，面对这大学最后一年的孩子们能够取得何种收获家长们必然又充满着担心甚至是焦虑。因此希望这封最后一封孩子们大学期间的家长信能够为您带来一些启示和意见参考。

大四学年的秋冬学期是非常关键的半年，因为学生们对自己未来道路的不同方向的选择就集中在这个时段。无论是出国的、保送的、考研的、找工作的，学生们都要为自己毕业后未来的出路做出实质性的选择了。很多同学可能会在这个时期迷茫、遭受困境甚至是挫折，都是很正常的事情，这个一个人从学生身份转变到社会人身份当中必然要经历的成长上的飞跃，是任何考试、任何理论的学习都替代不了的。在此期间，希望家长们对学生在校情况有必要的了解同时也能在以下几个方面注意提醒和引导子女：

明确自己未来的定位和方向，把握大方向，不要左右摇摆和迟疑。大批同学是要在找工作和考研之间做出选择，并且多年的经验实践表明，找工作需要在实习工作上花费很多精力，而考研需要长时间的课程复习与准备，对于大部分同学来说都无法同时做到兼顾，所以尽量避免出现对自己出路定位上的反复摇摆，这样不利于自己安心努力在一个方向上实现突破的发展。

1. 寻求出国深造机会的同学人数比例不高，但这个时期应该都已经拿到了英语考试成绩，正在寻求或等待国外高校的录取机会。这些同学的学业水平一般较高，但心态容易放得较高。能否获得出国交流机会应该说有一定的偶然性，适时地根据环境的变化调整个人期望，不要一味地"把所有鸡蛋都放在同一个篮子"当中。

2. 在不同专业中，保送同学都有一定比例。关于保送制度各个学院、专业可能都有区别，但需要明确的是并不是很多同学都适合于做研究工作，首先要对自己的兴趣、志向、未来职业规划有所思考，再做出保送选择，而不是盲目跟风盲从。需要提醒的是两句话。所有这个方向的同学须及时掌握学院短期的消息和政策通知动向。一旦获得保送资格，更不能荒废任何宝贵的时间，为未来研究生活做好充分的准备。

3. 对于找工作的同学来说，实习经历是非常宝贵的。我努力引导同学加强对"实习机会"的关注，这一条在明年6月份毕业之前说都不算晚，工作实践对于个人职业发展之重要性不可忽视。虽然目前难于确定未来的工作单位、工作待遇、工作地点，但是增加积累丰富阅历提高能力总是好事情。实习对于个人主动性的要求非常高，任何学校都无法为100%的学生提供非常优厚的实习机会。而另一方面，同样的实习机会对于不同的人来说收获也可能是天壤之别。当然，依靠家庭背景或其他社会关系能够获得一些理想的实习机会也是非常好的一个职业起点，但关键是是否能够利用好这些平台，把书本上的知识及时转化为实习经验，这些宝贵的实习经验就是以后各个企业甄选鉴别人才的重要标准。同时，实习期间尤其是接触省外的实习机会要注意对个人权益的保护，尤其是同时远离学校和家庭的时候，家长应予以足够的关注。

4. 对于考研的同学来说，坚定信心、持之以恒、步步计划是核心思想。暑假里我观察一些同学在准备考研的复习过程中态度并不是很认真，这也是非常担心的一方面。很多学生的基础知识掌握得并不扎实，而且容易受到身边同学各种动向的诱惑，“三天打鱼两天晒网”是无法在考研道路上取得成功的，否则考研准备也就成了一句空谈。对于考研单科及格线以及总分、上机考试、调剂等历年经验，这些同学也不要忘记进行细致的了解。当然，考研的同时，也是挖掘自己潜力，强化能力的一种途径，倘若考研复习的充分，即便没有继续读研，在春夏学期求职过程中也会受益。

找工作也是很多同学的必经之路。个人简历的准备、装束的考虑以及对各种面试、笔试的了解都是必不可少的。甚至说，找工作本身就是一项个人综合能力提升的过程。参加学校筹办的大型企业招聘会是一个不错的选择，但是为了自己能够寻求到更好的机会，并且建议如果有机会可以提前通过各种推荐方式（导师、同学、学长等）和一些心仪的企业尤其是一些专业相关的项目组直接建立关系，避免在一些人才筛选环节牵扯过多精力。学校的毕业校友往往会提供一些更加真实的关于企业的用人岗位消息。先就业还是先择业，并没有本质上的差异，区别在于自己是否为了求职准备工作有足够的付出。家长们的意见是基于个人的成长体会和社会经验，应适时点拨，避免孩子在这个阶段过于空想化、理想化，当然，另一方面也不能过于强势，漠视孩子的志向判断。

无论是出路选择有何差异，所有同学都应该于这些选择的同时对毕业资格要求有清晰了解，按时完成学业要求，相关问题如有疑问应提早咨询本科生科老师，如毕业设计、导师选择、毕业清考、毕业答辩等环节，切莫拖延。家长们对于学生的帮助应该体现在：关注其学业进展情况，关注其情绪心理变化，孩子遇到挫折时能够分享传递经验，缓解短期压力。同时切忌简单粗暴、急躁武断。毕业生的家庭教育环节是凝聚家庭氛围、加强亲情沟通、传递生活体验的不可或缺的重要环节，应引起家长们的足够重视。

大学四年阶段过得很快，任何一个大学和任何一个家长，都希望自己的孩子首先能够安身立命，然后是在自己所期待的领域所有成就，能够做出自己的事业。在学业引导方面，学校义不容辞，而在德育引导方面，学校教育则有力所不逮的地方，非常需要家庭教育以补充。很多做人做事的道理，并不是能够用一两节课程说清楚的。现在很多家庭都是独生子女，他们在成长过程中缺少参照，更缺少沟通的渠道，尤其在遇到一些挫折或不公平的对待时，往往会偏颇地评价自己，过于极端地作出判断，有不少同学就此迷失在“斤斤计较”、“自私自利”的狭隘境界上，缺乏胸怀和战略眼光。我们希望培养的学生能够“求是创新”、“德才兼备”的青年人，希望这样的青年人为自己和社会，有更大的作为和担当，用足够的勇气、耐心、智慧，去实现他们的目标，报答家长、社会及母校的期待。

学生的毕业典礼预计在春夏学期六月份举行，届时我们将邀请各位家长们，如同四年之前一样，参加孩子的毕业典礼，希望您一同见证孩子的成长历程，一并感谢您在学生大学期间的努力和付出。

希望家长们能够一如既往地关注他们的成长与未来。

此致

敬礼！

辅导员

致　谢

首先要感谢我的学生们——没有他们，我不会意识到这本书有那么的重要；没有他们，我不会意识到自己的工作有那么的重要；没有他们，我不会意识到无数的家庭背后都有着两双和我父母当年一样的期盼的目光始终在注视着这些年轻活泼的生命。看到他们从新生变为老生，从老生变为毕业生，我的思考也伴随着他们的成长在每一天不断地成熟和深入。

其次要感谢浙江大学的老师和同事们。当我提出这个写作计划的时候，很多老师都立刻表示了支持和肯定，有的老师积极提供稿件，有的老师发邮件提供出版信息，有的老师百忙之中和我分享了几年甚至几十年间工作上的心得体会以及对本书章节的意见……作为一名大学辅导员，能够在工作中得到这样的支持和认可，我觉得自己是十分幸运的，是不孤独的。这些老师和同事们有：（感谢名单，排名不分先后）金海燕老师、颜鹏老师、陈庆老师、袁瑢老师，夏标泉老师、龚惠香老师、方道元老师、程艺老师、朱慧老师、金蒙伟老师、梁清华老师、周文芳老师、王庆文老师、沈镣老师、黄任群老师、钟蓉戎老师、王玲玲老师、张慧老师、郑玲玲老师、佟鑫老师、蔡荃老师，潘健老师、王万成老师，彭列平老师、吴为进老师、王嵚屾老师以及学弟钟益超同学、学生李宏杰同学和赵钟博同学。

最后，要感谢我的父母，他们也作为一名学生家长，辛苦地供我上学读书（读了将近19年），而现在我留校工作后，依然只能在缩水的寒暑假时回家探亲，的确是亏欠父母很多。相信他们看到这本书之后，能够理解我的付出，能够以孩子在工作中的努力和成绩而自豪。每次我和学生们的父母交流，都会情不自禁地想起自己的父母，会思考他们想知道什么，应该知道什么，这也鼓舞着我一路走来，坚持到最后。

借此机会，也要一并感谢那些关注高校学生工作的广大家长们，在无数次电话和邮件的沟通中，我能够感受到家长们对于学生工作的理解和认可。很多人都知道，我也知道，和写一篇论文或者完成一项课题报告相比，编写一本书要付出更多的艰辛，每每心中万言下笔全无的时候我也会着急得抓耳挠腮。只因为书籍能够更为直接地向读者们表述出我的观念和建议，所以我依然选择了这样的表达途径，用最为通俗的语言推动事情得以尽快地迅速改变。这本书就是写给所有大学生家长看的，写给你们看的。在此感谢本书所有的读者们！

——杨亮

2011年11月

参考文献

1. 奥巴林 AM. 地球上的生命起源. 徐叔云等. 北京: 科学出版社, 1960

2. Miller SL. A Production of amino acid under possible primitive Earth conditions. Science, 1953, 117: 528—529

3. Fox SW. The origin of Prebilolgical Systems. New York: Academic press, 1965

4. Fox SW. origin of the cell: experiments and permises. Natur Wissenschaften, 1973, 60(30): 359—368

5. 米勒 SL, 奥格尔 LE. 地球上生命起源. 彭弈欣译. 北京: 科学出版社, 1981

6. 克里克 FCH. 生命:起源与本质. 王淦昌等译. 北京: 科学普及出版社, 1993

7. 迈克尔·怀特. 地外文明探秘. 王群等译. 上海: 上海科学技术出版社, 1999

8. 希瑟库珀. 外星人——存在地外智能生物? 吴小龙等译. 杭州: 浙江大学出版社, 2002

9. 张德永等. 生命起源探索. 上海: 上海科学技术出版社, 1979

10. 王文清. 生命科学. 北京: 北京工业大学出版社, 1998

11. 罗辽复. 生命进化的物理现象. 上海：上海科学技术出版社，2001

12. 谈志坚. 宇宙的信息. 北京：昆仑出版社，1999

13. 张昀. 前寒武纪生命演化与化石记录. 北京：北京大学出版社，1989

14. 克里斯蒂安·德迪夫. 生机勃勃的尘埃——地球生命的起源与进化. 王玉山等译. 上海：上海科技教育出版社，1999

15. 李振良. 宇宙文明探秘. 上海：上海科学普及出版社，2005

16. 郝守刚等. 生命的起源与演化. 高等教育出版社，2003

17. Jonston W, et al. RNA-catalyzed RNA polymerization: Accurate and general RNA-template permer extention. Science, 2001, 292, 1319—1325

18. Colgate SA, et al. An astrophysical basis for a universal origin of life. Advances in Complex systems, 2003, 6(4): 487—505

19. Sorrell WH. Interstellar grains as amino acid factories and the origin of life. Comments on Astrophysic, Comments on Modern Physics, 1999. V01. 1, part E: 9—23

20. Chyb c. The Cosmic origins of life on earth. Astronomy, 1992, 20(11): 28—36

21. J. T. Molecule sparks origin-of-life debat. Science News, 2000, 157(23): 363—367

22. Borgeson W, et al. Discussing the origin of life. Science, 2002, 298(5594): 747—750

23. Chaml H. Clay minerals and origin of life. Sedimentology, 1987, 34(6): 1187—1187

24. Nelson KE, Miller SL. Peptide nucleic acids rather than RNA may have been the first genetic molecule. PNAS, 2000, 97(8): 3868—3871

25. Dobson C, et al. Origin of life on Earth may have begun with tiny atmosphere droplets. Bulletin of the American Meteorological Socity, 2001, 82(1): 129—131

26. Lazcano A. The origin of life. Natural History, 2006, 115(1): 36—41

27. 达尔文 CR. 物种起源. 钱逊译. 重庆:重庆出版社,2009

28. 达尔文 CR. 人类的由来. 潘光旦等译. 北京:商务印书馆,1997

29. 方崇熙. 拉马克学说. 北京:科学出版社,1955

30. 张昀. 生物进化. 北京:北京大学出版社,1998

31. 桂起权等. 生命科学的哲学. 成都:四川教育出版社,2003

32. 陈阅增等. 普通生物学. 北京:高等教育出版社,1997

33. 李传夔,王原. 史前生物历程. 北京:高等教育出版社,2002

34. 陈守良等. 人类生物学. 北京:北京大学出版社,2002

35. 迈克尔·博尔达. 灭绝——进化与人类终结. 张文杰等译. 北京:中信出版社,2003

36. 周忠和等. 孔子鸟和鸟类的早期演化. 古脊椎动物

学报，1999，36(2)：136—146

37. 侯连海．中国的始祖鸟．生物学通报，1995，30(5)：11—13

38. 汪筱林，周忠和等．热河生物群发现带“毛”的翼龙化石．科学通报，2002，47(1)：54—57

39. 周忠和，张福成．中国中生代鸟类概述(英文)．古脊椎动物学报，2006，44(1)：74—98

40. Xing Su(徐星)，et al. Branched integument structures in Sinornithosanrus and the origin of feathers. Nature，2001，410：200—204

41. 吴新智．浅谈人类的起源与进化．大自然，2004，1：2—4

42. 吴新智．古人类学研究进展．世界科技研究与进展，2000，22(5)：1—6

43. 布朗 TA．基因组．袁建刚等译．北京科学出版社，2002：441—465

44. Woese CR. Bacterial evolution. Microbil Rov，1987，51：221—271

45. Kimura M. The neutral theorg of molecular evolution and the world view of the neutralists. Genome，1989，31：24—31

46. Higuchi R，et al. DNA Sequence from the Quagga，an extinct member of the horse family，Nature，1984，312：282—284

47. Cano RJ，et al. Amplification and Sequencing of DNA from a 120—135 million-year old Weevil. Nature，1993，363：536—538

48. 侯先光等. 澄江动物群——5.3亿年的海洋生物. 昆明:云南科技出版社,1999

49. Chen Junyuan(陈均远), et al. Distant ancestor of mankind unearthed: 520 million-year-old fish-like fossil reveod early history of Vertebrates. Science progress. 2000, 83(2): 123—133

50. Chen Junyuan, et al. Precambrian animal life: Probable developmental and adult Cnidaion forms Southwest China. Developmental Bilolgy, 2002, 248(1): 182—196

51. 俞国琴等. 古DNA及其在生物系统与进化研究中的应用. 植物学通报, 2005, 22(3): 267—275

52. 郝守刚,马学平等. 生命的起源与演化——地球历史中的生命. 北京: 高等教育出版社, 2003

53. 戎嘉余等. 生命的起源,辐射与多样性演变——华夏化石记录的启示. 北京:科学出版社, 2006

54. 戎嘉余,方崇杰. 生物大灭绝与复苏——来自华南古生代和三叠纪的证据(上、下卷). 合肥: 中国科学技术大学出版社, 2004

55. 迈克尔·博尔特. 灭绝:进化与人类的终结. 张文杰. 马可译. 北京: 中信出版社, 2003

56. 夏建新等. 全球环境变迁. 北京: 中央民族大学出版社, 2006

57. 斯宾塞·韦尔斯. 走出非洲记: 人类祖选的迁徙史诗. 杜红泽. 北京: 东方出版社, 2004

58. 刘平. 生物主动进化论. 济南: 山东大学出版社, 2009

59. 郝瑞,陈慧都. 生物的思维. 北京: 中国农业科技出

版社，1999

60. 叶庆华等. 植物生物学. 厦门：厦门大学出版社，2002

61. 沈显生. 生命科学概论. 北京：科学出版社，2007

62. 费兰斯·德瓦尔. 猴猩猩的故事. 李志磊等译. 海口：海南出版社，2003

63. 梁工，卢龙光. 圣经解读. 北京：宗教文化出版社，2003

64. 庚镇城. 达尔文新考. 上海：上海科学技术出版社，2009

65. 理查德·福提. 生命简史. 胡洲译. 北京：中央编计出版社，2009